垂直权力分合

省直管县体制研究

孙学玉 ◆ 著

人民出版社

目录

垂直权力分合

省直管县体制研究

引

论

引　论

政治文明，大观泱泱。垂直权力关系是国家制度的核心组成部分，是政权建设不可或缺的要素。它关系到国家统一、民族团结、经济发展和社会稳定。政治经济体制改革的实质是实现垂直权力的有效配置。当合理适度时，生产力发展，社会进步，国家强盛；当混乱失范时，经济社会发展就会受阻，甚至出现动荡。探讨垂直权力配置规律，研究垂直权力运作机制，寻求垂直权力有效配置路径，意义重大。

一、垂直权力的合理配置

完善的权力结构是政府实现各项职能的组织保障。垂直权力配置，即权力系统中各个层级主体之间的权力分配和行使。它影响权力的指向和范围，决定政府管理效能和管理目标的实现程度。

（一）垂直权力的分化整合

垂直权力的配置有两种形式：一种是垂直权力的分化，另一种是垂直权力的整合。

在组织领域，分化是组织系统分割为数个次级系统的一种状况，每一次级系统为了配合其特有环境所赋予的条件，大多会树立并保持特殊属性。[①] 垂直权力分化的意义是在达成组织目标过程中，对组织权力结构进行纵向划分，并演绎到行政管理领域。公共权力不断分化、管理服务职能日趋专业化的过程，也是权力向中心之外横向扩散的过程。为完成复杂任务需要对整体目标层层分解，促使权力核心向层级授权，形成政府垂直权力分化，即工作性质相同，权力大小有别。可以预见，在全球化、信息化和工业化时代，适当的层级分工，对于政府应对经济决策分散化、社会结构阶层化、利益结构多元化所带来的快速变化，是积极的，也是必要的。

与分化对应，整合则是一个组织为求完成既定目标，对各次级系统的一种协调与统合过程，使分化后的各个分系统在完成组织任务时达到统一。政府垂直权力的整合，就是使各层级政府的作用趋于一致，符合国家整体战略要旨。通过有效控制和协调，使计划实施不偏，结果反馈充分，决策和执行机制运行良好。

一般而言，垂直权力整合可以通过直接监督、标准化和相互调节的形式来实现[②]。在直接监督中，政府中的不同成员或部门，通过它们上级领导或组织发布指令并监督其行为，从而实现协调统一。这种整合中，平行层级间没有正式联系，如若发生联系必须通过上级政府，因此它们的行为完全在上级直接监控之下，并以此来保证全体成员服从于统一目标，使整体行动具有方向性和高效率。标准

---

① Lawrence.P and J.Lorsch. *Organization and Environment*. Cambridge.MA：Harvard University Press，1967.

② 参见［加］亨利·明茨伯格：《卓有成效的组织》，魏青江译，中国人民大学出版社 2007 年版，第5—8页。

化是从政府工作和人员标准化中获得协调的一种整合形式。其通过政府工作流程、工作输出以及公务人员技能实现标准化，减少直接监督负荷，减少上下层级之间误差和摩擦，达到权力的垂直整合。相对于以上两种整合方式而言，垂直权力的相互协调具有非正式性，是一种上下层级间根据情况自动、自发地相互适应的行为。它可以起到加快信息传播速度，增强基层自治能力和应变能力，实现垂直权力整合的灵活性。

（二）权力闲置与权力异动

事实上，垂直权力的分化与整合是相辅相成的，分化导致权力的离心化，难以达成上下级政府的步调一致，需要一定的权力整合机制来纠正偏离；而整合导致权力的集中化，难以发挥政府的灵活性、适应性，需要一定的权力分化机制来破僵润滑。实践中总是存在垂直权力过度整合而分化不足，亦或垂直权力过度分化而整合不足的现象，导致垂直权力的闲置或异动。

权力闲置是垂直权力过于注重整体的统合一致，忽视下级自主性所导致的权力浪费。权力闲置与整个社会的发展状况密不可分，当今社会已在很大程度上跨越了"大鱼吃小鱼"阶段，进入到"快鱼吃慢鱼"时期，地方政府在遇到公共问题和回应公众需求时，必须在第一时间做出反应，而不是层层汇报请示，但垂直权力过度整合导致许多决策指挥权掌握在上级手中，低层次的公务员缺乏执行政策所需的组织资源。如此，上一层级政府掌握大量权力而无运用权力的现实需求，下一层级政府拥有运用权力的现实需求但缺乏实在的有形权力，导致垂直权力失调，具体表现是：一方面资金和人力闲置，另一方面公共服务匮乏。

权力异动使垂直权力丧失正式制度的约束力，诱发低层次政府权力的滥用。主要体现为权力变动并非传统的自上而下的层层授权分解，而是非正常状态下的权力涌动。当前，垂直权力分化，尤其是向下分权成为提高政府活力的通行做法，使得基层组织的权力逐步加大。这种趋势越是在市场机制完善、自治组织强大、社会自治程度高的地区就越突出。如果市场机制和社会自治不完善，同时缺乏约束控制，就可能造成权力滥用，樊篱林立、"诸侯"难遏，整体目标受损。

当下，由"揽权"导致的权力闲置与由"滥权"带来的权力异动现象并存。改变"失序"的组织结构，理顺上下权力关系，是紧迫课题，也是难题。

（三）权力分合的协调有序

权力的闲置或异动都是对权力运行效能的耗散。在垂直分化中，如果缺乏有效整合，层级权力就会逐步分离。因此，一般来说，需要强调的是，必须以适度整合为手段来化解因分化而产生的离心性。这种整合，必然是分化基础上的整合，而不是权力垄断思维惯性下的整合，否则组织就会日趋僵化。

新中国成立以来我国历次垂直权力改革，一个重要的教训就是分化与整合不统一不同步，往往把集中与分散对立起来，要么分权下放，要么集中上收，以至"一收则死，一放则乱"，形成垂直权力的过度波动。因此，对于垂直权力的配置，应在权力分化的同时选择配置一定的权力整合，并调整它们的作用强度，使分化和整合处于"纳什均衡"点上。

综上所述，政府垂直权力，有分有合，合中有分，分中有合，其中最为重要的规律，就是权力分化与整合必须协调有序，使权力在实践中收得拢，放得下，实现均衡配置。

二、垂直权力的层级结构

权力关系必须发生在一个既定的结构之中，权力运作的制度空间（结构）是决定权力运行是否有效的客观基础。结构既能促进又能限制权力分合的平衡。因此，在达到垂直权力分化与整合协调有序之前，必须了解垂直权力是如何在层级结构空间中运作的。

（一）政府层级结构的特征

层级结构，一方面包含地域划分，即把国家分成不同区域和不同层次，这是垂直权力配置的基础和外在表现；另一方面赋予各个层级政府相应的管理权限，这是垂直权力配置的直接目标和具体内容。[①]

首先，层级结构体现出的最典型特质就是科层性。马克斯·韦伯认为，任何有组织的团体，只有实行"强制性的协调"方能成为一个整体，并认为集权主义的科层制行政组织"是实施统治形式最合理的形式"，"一旦充分实行的官僚体制，就属于最难摧毁的社会实体"。[②]除了规则化、专门化、非人性化外，等级制就像一个金字塔，最高的权威处于上层位置，一系列命令自上而下传递，组织中的任务是作为"公务"分派的，下属必须接受主管的命令与监督，上下级之间的职权关系严格按等级划定。这种特性决定了政府权力往往通过科层体制层层配置，上一级政府在垂直权力分配中占主导地位，决定权力如何在上下层级间配置和流动。

---

① 赵民等：《我国省级政府权力空间配置的制度变迁》，载《中国行政管理》2010年第9期。

② ［德］马克斯·韦伯：《经济与社会》（下卷），林荣远译，商务印书馆1998年版，第248页。

其次，层级结构通过纵向的"委托——代理"链条，形成层层授权机制。"这种分权方式是中央政府将部分权力交给地方政府行使，而中央政府仍有最终决定权，所以这种分权只是权力的一种委托和代理罢了"①，但因代理链条过长，"天高皇帝远"，带来监管不便，加之下级政府的信息优势，不可避免地导致逆向选择和道德风险问题。更为复杂的是，在政府组织内部，当权力沿着组织层级阶梯上下移动时，每一层级（除了最高和最低层级之外）往往既是委托人又是代理人。这种多重委托代理关系使得权力分合平衡的不确定性大大增加。

（二）垂直权力分合的困境

一般而言，垂直权力的分合体现为权力的分解与权力的可控。权力分解是上下层级间权力量度的多少与大小的体现，而权力可控是上层组织对下层组织的控制，保证权力运行在有序轨道上。层级结构所体现出来的科层性，使垂直权力配置中的上级意志成为决定权力分解的主导，上级有权决定留给下级多少权力，能够通过汲取下级权力资源弥补权力的匮乏，能够通过具体法律法规的制定与修改来调整下层政府权力的流向。层级结构中委托代理关系的复杂性，导致垂直权力经常处于非可控状态，并使下层政府权力逐步扩张。一方面，层级过多使得政府规模庞大，行政路线长，权力流经节点多，信息传递的失真失落率高，导致上层政府权力控制的行政成本大幅增加；另一方面，由于下层政府及其官员的自身利益、狭隘政绩观及价值偏好，使其在拥有信息优势的情况下，选择有利方式使自身权力最大化，包括在上级压力下超常规扩张，权力留成过

---

① 林尚立：《国内政府间关系》，浙江人民出版社 1998 年版，第 43 页。

少时在辖区内攫取资源，监控不力下滥用职权，利益受损时选择性执行上级政策，横向竞争激烈下设置权力边界，等等。可以说，多层级结构授权体系中，上级强意志与下级强自主的结合，导致权力分成的不合理与权力可控程度的降低，垂直权力的配置陷入困境。

（三）层级结构调整与权力协调

当今社会，变化是常态，唯一不变的就是变化。层级结构需要有稳定性，但并非一成不变，必须适时适度进行结构调整，改变组织规模，增减管理幅度，伸缩委托代理链条，变更层级监控方式和力度。一般而言，垂直权力关系与层级结构的调整要根据一定的制度，并通过法律程序才能完成。在我国，中央地位超然，具有远远高于地方政府的权力，较少受到地方政府的约束，可以对地方政府行为进行跨层级干预，甚至可以直接改变垂直权力运作的层级结构，如20世纪80年代的"地市合并，建立市管县体制"等。这种权力协调模式，虽然易引起政府寻租和秩序混乱，但却显示出很大的灵活性，为适时协调垂直权力关系提供了可能。

三、层级结构变革的肇始

组织层面的任何制度变革，皆非决策者单方面的主观意志，而是对各种利弊的深虑和权衡。

（一）结构变迁的标准衡量

制度变迁理论认为，实质上看，制度为一种公共产品，它是由个人或组织生产出来的。随着外界环境的变化或自身理性程度的提高，人们会不断对制度提出新需求，实现增益预期。当制度供给和需求基本均衡时，制度是稳定的；当现存制度不能满足人们需求时，就会引发制度变迁。制度变迁的成本与收益之比对于促进或延迟制度变迁起着关键作用，只有在预期收益大于预期成本的情形下，行为主体才会去推动直至最终实现制度的变迁，反之亦然。①

综上观之，政府层级结构作为国家政治体制的重要组成部分，其变迁必须考虑三方面因素：一是外部环境，二是制度收益，三是既有结构。首先，当外部环境不同于以前时，意味着制度发生作用的场域改变了。层级结构的改变就是对新环境的适应，外部环境变化成为变革的推动因素。其次，外部环境变化导致现有制度的收益发生变化，结构的成本收益衡量是否进行变革。改革开放后，经济增长成为我国政府工作的核心任务，层级结构作为一种分配权力的制度，必须降低内部与外部的交易成本，为经济发展提供制度保证。但如果现有层级结构所付出的成本以及带来的破坏，不能以足够的增长收益来弥补的话，就要进行变革。最后，既有的层级结构限定了变革的范围。任何变革都必须尊重现有制度，因为其有历史惯性，在一般情况下，垂直权力关系只会在既有的层级结构基础上进行修正，只有当外部环境发生剧烈变化，且小幅变动不足以回应变革的需求压力时，层级结构才会发生根本性的变革。显然，以目前情况来看，环境虽然有所变化，但并没有超出政府控制范围，所以层级结构的变革只能是对现有制度的调整，而不是对整个层级结构的颠覆。

（二）以市管县切入垂直权力变革

层级结构的变革需要一个切入点，将改革的目光聚焦于市管县体制合乎逻辑，不失为一种有效的选择。

新中国成立以来，对于如何确立市县管理体制，理论界高度关

---

① 参见马广奇：《制度变迁理论：评述与启示》，载《生产力研究》2005 年第 7 期。

注，实际部门积极探索，试图寻求一种跨越时空的、普适性的实践模型。较具代表性的观点有四类：一是修改宪法，改变地市二元格局，变地区行署为一级实制政权组织①；二是"虚"省建大区，设置都、府，下辖县、区，或者在省级以下设立跨市、地区的行政机构②；三是撤销地区，全部实行市管县（市）体制，同时适当降低设立地级市标准，把绝大部分地区升格为地级市，实行市管县体制③；四是撤销市管县体制，实行省管县市分等制④。这些观点，见仁见智。从实践探索和政策推行层面看，主张撤销行署、地市合并构建市管县（市）体制逐步成为主导模式。

截至 2010 年底，全国共有 34 个省级行政区（其中：4 个直辖市、23 个省、5 个自治区、2 个特别行政区），333 个地级行政区划单位（其中：283 个地级市、17 个地区、30 个自治州、3 个盟），2856 个县级行政区划单位（其中：853 个市辖区、370 个县级市、1461 个县、117 自治县、49 个旗、3 个自治旗、2 个特区、1 个林区），40906 个乡级行政区划单位（其中：2 个区公所、6923 个街道、19410 个镇、13379 个乡、1095 个民族乡、96 个苏木、1 个民族苏木）。⑤

建立市管县体制的目的是精简机构、控制规模，整合资源、统

---

① 阎林：《政府组织结构调整与经济发展》，社会科学文献出版社 1999 年版，第 18 页。

② 华伟：《我国行政区划改革的初步构想》，载《战略与管理》1997 年第 6 期；杨龙：《我国的区域经济发展与行政区划的调整》，载《天津行政学院学报》2003 年第 1 期等。

③ 庞森权：《体制创新是完善行政区划管理的必由之路——从"地级市"的形成谈起》，载《行政区划与地名》2003 年增刊。

④ 刘君德：《世纪之交：中国城市化发展与城市型行政区划改革新思路》，载《中国方域》1995 年第 4 期。

⑤ 参见："2010 年全国政区统计"，资料来源：http://www.xzqh.org/.

一市场，实现以城带乡、推动区域经济和城乡协调发展，旨在三个层面获取制度收益：一是整合资源。通过扩大行政区经济范围，弥补市场经济非成熟条件下的缺陷，实现生产要素优化组合，促进城乡、市县优势互补，提高资源利用率；二是形成市县间良性循环，扩大城市发展腹地，实现城乡协同共进；三是加快推动城市化，形成较发达的城市体系。

　　一种体制不可能永久有效，市管县体制也不例外。随着市场经济体制的确立、区域经济的形成以及城市化的发展，市管县体制的正能量逐渐减弱，并逐渐偏离其初衷。首先，市管县体制强调以行政手段促使行政区和经济区重合，以行政手段拉动经济发展，但市场化使企业获得自主权，需要突破行政边界，按照市场规律，在更大区域中实现资源配置。而行政区界限对区域经济横向联系产生刚性约束，阻碍跨区域生产要素流动。其次，在市县体量匹配层面，以城带乡的前提条件是作为"中心城市"的地级市具备较强实力和明显比较优势，也就是说，市县之间有一个强弱梯次。但是，如果市的经济实力弱而县的经济实力强，或者市县两弱，市管县体制矛盾就凸显出来，城市不仅无法带动县域发展，反而会抑制县（市）的发展，形成"漏斗效应"[①]。再次，市领导县的数量多少影响市对县的带动作用。市的辐射能力有限，特别是在经济不发达的中西部地区，中心城市数量少、功能弱、辐射差，带动县域发展难上加难。最后，市管县体制使政府管理层次增多，导致政府规模膨胀、信息传递速度降低、层级间矛盾增加，行政管理成本攀升。

　　"解铃还须系铃人"。市管县体制在历史发展进程中，已由制度

---

　　①　任卫东、吴亮：《地级市可能阻碍社会发展，中国裁撤地级市分三步》，载《北京青年报》2004 年 6 月 9 日。

收益转向制度损耗，以其为切入点对层级结构进行改革，对于科学配置垂直权力，富有典型意义。

四、垂直权力优化的选择

选择省直管县与强县扩权来代替市管县体制，是层级结构适应外部环境变化的反应，在理论和现实中有其可行性，有利于实现制度收益的持续递增。

(一) 选择省直管县和强县扩权的理由

实践表明，当区域经济发展受到行政区划制约时，必须从更大的区域实现资源整合，促成更大统一市场；当城市发展影响城乡协调发展时，必须改变城市对乡村发展的制约，实行市县分治；当原有的层级结构影响政府效能和资源利用时，必须缩短层级链条，对垂直权力重新整合或分解。

随着市场化、城镇化、信息化水平的持续提升，我国行政区域经济呈现出新的矛盾，即区域经济一体化与行政区划的冲突，其外在表现是区域经济一体化中行政区与行政区之间的冲突和相互分割不断加剧。从理论上看，必须进行有效调整。

一方面，省直管县和强县扩权虽然不能破除行政区经济，但在一定程度上是对县域经济发展的一次解放。当前，中国的区域经济仍然倚重于"行政区经济"，行政权力对区域经济干预的广度深度有增无减。这一体制一是限制了区域经济发展的空间，行政区难以承载区域经济发展一体化的使命，需要向省级面扩展空间容量，提高对内对外协调能力。二是市级政府对下辖县(市)干预力度过强，限制了县域经济发展，使城乡差距拉大。彰显县域经济主体地位，扩大县级政府自主性，呼声强烈。

另一方面，省直管县与强县扩权强调层级精简与政府效率的工具价值。第一，强调减少中间层次，可以加快信息流通；精干组织结构，可以节省管理费用，降低管理成本；管理重心下降，可以改善决策环境。省管县在管理体制上体现了层级精简后的优势。第二，权力大幅度下放后，可以提高县级政府发展经济的能力，减少县域经济对其他区域的依赖，促使县域内向发展。

(二) 省直管县与强县扩权的理论基础

行政组织"是环境超系统中的子系统，也就是说它需要一定的环境条件才能生存，也总是受到来自环境的影响并对环境施以影响"[①]。在工业社会时期，公众的需求差异化较小且相对稳定，这一行政生态环境意味着行政组织只需要根据有限的信息进行决策即可。以官僚制为蓝本的行政组织通过专业化分工提高行政效率，同时，层级节制的结构模式有利于上级对下级的有效监督控制，"层级是进行控制和协调的主要途径"[②]。正是出于对行政人员的控制这一目的，所以在行政组织中出现了层级结构。当然，在人们认识到层级的社会控制功能之前，就已经出现了人的等级化，而对等级的强化则是在社会控制中完成的。以理性官僚制为理想模型的行政组织作为一个控制导向的体系，所取得的进步就在于把对等级的改造和强化纳入了合理性的范畴中。[③]

后工业社会，随着信息技术的发展、知识经济的兴盛和网络化

[①] 闫洪芹：《公共组织理论：结构、规则与行为》，北京大学出版社、北京航空航天大学出版社 2009 年版，第 40 页。

[②] [英] 约翰·查尔德：《组织：当代理论与实践》，刘勃译，华夏出版社 2009 年版，第 74 页。

[③] 张康之：《论官僚制组织的等级控制及其终结》，载《四川大学学报》（哲学社会科学版）2008 年第 3 期。

时代的来临，信息的收集、处理和知识的传播更加便捷，信息和知识既难以被官僚所独享，又更加广泛地为大众所应用和知晓，这些变化，严重削弱了官僚们的职位权力基础，最大限度地拉近了行政组织与公众之间的距离。同时，信息技术和网络大大减少了中高层领导与基层人员在信息获取和知识分享方面的差别，消除了信息传递中的人为阻滞，降低了内部交易成本，使行政组织的等级结构受到强烈冲击，高层与基层的直接沟通更加便捷，上级组织或上层领导对下级组织或下层行政人员进行监督、控制更加有效，中间层的上传下达功能在很大程度上已然丧失[①]。网络和信息技术还提高了下层组织和下层行政人员的办事能力和效率，使行政幅度的拓宽成为可能。而随着行政幅度的加大，行政层级必然要被相应压缩，指挥链条亦随之缩短。这些变化或者变革趋势，使行政组织日趋柔性化、灵敏化。

　　总之，在全球化、信息化、网络化的驱动下，人类社会进入到一个高度复杂和高度不确定的时代，知识传播和更新异常迅捷，公众的需求不断增长且差异性日渐加剧、行政生态环境的复杂性呈现倍增状态，这些都要求行政组织更加灵活高效和更具回应性。正因为如此，需要积极推进行政组织的结构性变革，依凭信息技术和网络技术平台，缩减行政层次，构建更为扁平化的行政组织。从比较研究角度看，这种扁平化行政组织具有不同于尖凸型行政组织的结

---

　　① 德鲁克早在 1988 年就指出，中层经理的职位在相当程度上会被信息基础设施所取代。他研究发现，当一家大型跨国制造公司围绕信息和信息流通调整自己时，它的 12 个管理层次中，有 7 个可以剔除掉。这些被清除掉的层次，不是权力层次、决策层次或监督层次，而是对信息进行收集、放大、重组及发送的信息中转站。这些工作如果交给非人的"信息系统"去做，效率会更高。参见袁安照、余光胜：《现代企业组织》，山西经济出版社 1998 年版，第 217 页。

构特点，具体如下表所示：

尖凸型行政组织结构与扁平化行政组织结构特点比较表①

比较项目／组织类型	尖凸型行政组织	扁平化行政组织
层次与幅度	层次多、幅度窄	层次少、幅度宽
权力结构	集中、等级	分散、多样化
等级差异（权力、待遇）	不同等级差异大	不同等级差异较大
决策权	集中在高层	分散于整个组织
沟通方式	上、下级之间，沟通距离长	上、下级之间，平级斜向沟通
职责	附加于具体的职能部门	很多成员分担
协调	通过等级结构和很明确的规定管理程序	手段多样，注重人员间的直接沟通
持久性	倾向于固定不变	持续调整以适应新情况

从上表可以看出，尖凸型行政组织是多层次、窄幅度的结构，其权力集中于高层且等级划分严格，不同等级在权力、待遇等方面的差别迥殊，整个组织的沟通距离长，职能专业化分工细致，组织管理程序和规章明确，稳定性强；扁平化行政组织则是少层次、宽幅度的结构，权力分散且呈多样化特点，不同等级的权力、待遇等差别小，决策权下移，上下级之间的沟通距离短，手段灵活多变，组织的动态性强。鉴于上述特点，与尖凸型行政组织相比，扁平化行政组织在资源分配上，要打破组织上层的资源垄断地位；在行政层级的设置上，应尽可能地缩减行政层级；在决策程序上，需更注重分权行政，通过授权激发组织基层的决策作用；在部门间关系上，当通过推进部门之间的广泛交流来实现组织部门间畅通的信息

---

① 资料来源：单泪源、刘正安：《组织扁平化及其在企业中的应用》，载《企业管理》1998年第7期。

传输。①

具体到中国的行政组织变革，需要在行政资源分配上让下级行政组织尤其是县（市）政府和乡（镇）政府分享更多的行政权力，这正是强县扩权和改革要实现的一个重要目标；在行政层级设置上改变纵向层级过多的现状，尽快对五级制层级结构进行改革；在行政决策上，要推进决策权力的下放，让省级以下的地方政府主要是县（市）政府和乡（镇）政府有更多的自主决策权；在部门间关系上，要进行职能梳理、归纳和合并，并促进合理分工基础上的通力合作，着力构建政府部门间的合作治理模式。

（三）省直管县与强县扩权的现实基础

通过省直管县、强县扩权实现垂直权力的新分合，有其现实基础，实践上也是可行的。

从经济基础变革上看，市场经济体制的确立，使资源配置优先权让渡给市场，政府的许多职能也被市场及社会替代。政府权力被分解，市场与社会自治能力明显增强。这无疑为构建"少层次、大幅度"的扁平化组织结构，奠定了坚实基础。特别是，市场经济的分散性与自由性，使横向联合取代纵向传习，也迫使组织结构、行政层次、权力关系不得不重新进行调整。

从技术支持上看，以网络联接的"E政府"与传统政府相互补充，完善了政府流程，使行政效率大幅提升；同时，航空、高速公路铁路等交通设施，缩短了时空距离，为扩大管理幅度提供了技术支持。

从国际社会经验看，城乡政治、经济、文化和社会发展的差

---

① 邓念国：《官僚制的解构与建设性重构：后现代语境中公共组织的变迁》，载《社会科学辑刊》2008 年第 5 期。

异，决定城市和乡村治理必须遵循不同法则。根据国际市制发展经验和一般规律，市是城市型行政建制，县是广域型行政建制，市县之间一般没有隶属关系。

从实践层面看，国内部分省份的试点积累了宝贵经验。近年来，近似于"省直接管理县（市）"的管理体制改革①，很多都取得了成功。一些理论研究和政策文件都对这一改革主张和路径积极支持，并使之进入操作层面，提供了规范稳定的制度保障②。

---

① 自 2002 年以来，在浙江省财政直管体制影响下，如湖北、河南、安徽、广东、江西、河北、辽宁、黑龙江、四川和江苏等省开展了"强县扩权"改革。

② 如《"十一五"规划》，《中共中央国务院关于 2009 年促进农业稳定发展农民持续增收的若干意见》，财政部的《关于推进省直接管理县财政改革的意见》等。

垂直权力分合

省直管县体制研究

第一章　垂直权力运行的县制基础

东汉荀悦《前汉纪》记载，"郡县治民"、"从制则天下安矣"，进而被引申为："郡县治，天下安"。无论是农业化主导的封建社会，还是工业化、城市化进程中的现代社会，县制一直都是中国政府战略的行政基础。当今中国区划幅员的大部分仍存在于县域，县制承载着经济、政治、文化、社会以及生态文明建设等各个方面，各种问题不同程度聚焦于县域，垂直权力调整的重点也自然落于县制。

一、历史维度的县制

《礼记》云："天子之县内"。县，本是古帝王所居，即王畿，号称"赤县"。春秋时期，县变成地方行政单位，秦、晋、楚在其边地置县，国君派官吏直接管理，县官奉君命而行政，有别于世卿世禄的采邑。秦始皇统一六国后，分天下为三十六郡，后增至四十余郡，郡下设县，县的长官称县令或县长，由朝廷任命，负责治理民众，管理政财、司法、狱讼和兵役。此后虽然封建制有所反复，但郡县制以及县一级行政区划在我国长期稳定存在。

汉刘熙《释名》载："县，悬也。悬系于郡也。"段玉裁为《说文解字》作注时认为："周制，天子地方千里，分为百县，则系于国。秦汉悬系于郡。"县的上级，或为国、郡，或为州，或为路、府，元代以后，其上又设行省。对下，县在很长时间内都是最基层的一级政权组织，直接面对百姓，县以下建制较为简单，运行模式独特，有学者概括为"国权不下县，县下惟宗族，宗族皆自治，自治靠伦理，伦理造乡绅"[①]。随着社会事务的增多，清末改变古代在县以下不设治传统而开始建立的各种区乡行政，也全都隶属于县（市）。不管其上下如何变化，县作为基层政权，一直没有改变。

秦朝县数没有文献记载，据推测总数 1000 个左右，每郡平均统 20 多个县。到西汉末年，全国设有百余个郡级政区和 1587 多个县级政区。唐朝最多时有州（府）385 个，县 1573 个，每州平均辖县 4 至 5 个。宋朝全盛时有州 254 个（另有同级别的京府 4 个，普通府 30 个，监 63 个），有县 1234 个。此后县数较稳定，许多县名和区划延续数百年至上千年，有的存续已 2000 年，且治所都没有迁移过。可以说，县是我国"最长寿"的政权组织形式，被称为中国基层政权建设最成功的制度设计。

县作为一种政权组织形式，承担着一定的政治职能。中国古代县代表皇权统治和管理社会，其权力高度集中统一，在某种程度上说无所不及，同时人口较少，社会事务不多，机构较为简单。顾炎武说，县官"何谓称职？曰土地辟，田野治，树

---

① 秦晖：《传统十论——本土社会的制度文化与其变革》，复旦大学出版社 2003 年版，第 38 页。

木蕃，沟洫修，城郭固，仓廪实，学校兴，盗贼屏，戎器完，而其大者，则人民乐业而已矣"。[①] 县通过管理政财、农水、教育、司法、狱讼和兵役，维系着君与臣民的从属关联。

近代以来，以清朝末年推行县自治为标志，县制开始转型，其职能、机构、人员、财政发生重大变化。民国时期地方制度包括地方行政制度和自治制度，省以下的各级政府作为国家行政机关的组成部分，省、县参议会以及区公所则是自治机关。新中国成立以来，《宪法》明确规定，我国地方政府分为省、县、乡三级，由于乡一级被列入政权基层组织，县成为重要的"中间层"政府。总的来看，县制为中国社会发展发挥了重要作用，特别是县制具有设计简约、职官选任严格、职责清楚、分等级治理、低成本管理等特点，一直被视为"小政府、大社会、高效率"的典范。

县是一种行政结构，也是一种文化景象。郭沫若在《两周金文辞大系》中解释说："把脑袋挂在一个地方为悬，把人（奴隶）集中在一个地方为县，从字义的引申可以看出县邑的性质。"[②] 近年来，出于经济发展等原因，改换县名甚为普遍。被改掉的县名，大部分历史悠久，连接着无数历史事实、人物、典故、文艺作品、民间传说。县的改名不可避免地造成文化遗产的流失。同时，由于县改市，县改区，政区的通名（县、市、区等）也在不断变化，县的数量在不断减少，并带来一些不必要的混乱。人们填写籍贯，一般写到县。可见，人们对县的认同感远远高于其他行政区域。让人们产生强烈亲近感的，也是以县为范围的地缘关系，更大或者更小的地缘关系，都难以产生共鸣。可以说，这种

---

① 　唐敬杲编：《顾炎武文·郡县论》，商务印书馆1933年版，第36页。

② 　参见吴东平著：《汉字的故事》，新世界出版社2006年版，第351页。

对县的认同来源于历史与文化的影响，研究县制绝不能脱离历史传承和文化沉淀，对垂直权力的调整也必须尊重县制传统，以减少改革阻力。

"最古老的县"——息县

至今已有3000多年历史的息县，现隶属河南省信阳市。

夏、商时期属豫州，周武王时封文王37子羽达为息侯，始建息侯国，国都在今息县城西南6公里的青龙寺。公元前682年，楚灭息国置县，秦因之。西汉改名新息县，历东汉、魏、晋、南北朝均属汝南郡（国）。西晋建立后，新息县为汝南国治。东晋十六国时期，先后为后赵、前燕、前秦、东晋、后秦等政权据有，均以此地为汝南郡治。南北朝时南朝刘宋、萧齐王朝，仍为汝南郡治。北魏又增置东豫州。南朝萧梁先置豫州汝南郡，后又改称淮州。东魏时复为东豫州汝南郡治所。北周时改置息州，均为州郡治所在地。隋开皇三年（583年）废汝南郡，大业三年（607）废息州为汝南郡。新息县属之。唐朝武德四年（621年）以县置息州，贞观元年（627年）废息州，县属豫州，宝应元年（762年）以后属蔡州。先后为梁、唐、晋、汉、周5个王朝据有。北宋建立后，新息县属蔡州。金朝泰和八年（1208年）置息州，以新息县为州治所在地，并移今县城。元朝（蒙古国）元中统三年（1262）省，四年（1263）

复置息州；至元三年（1266 年）将新息县省入息州。至元三十年（1293）属汝宁府。明洪武四年（1371）降息州为息县，属中都临濠府（后改名凤阳府），七年，属汝宁府光州。清雍正二年（1724年）升光州为直隶州，息县属之。民国元年（1912）直属河南省，三年属豫南道。十七年，属河南省第十三行政区。二十一年，属河南省第九区行政督察专员公署。

1949 年 5 月属潢川专区。1952 年 10 月属信阳专区，1970 年属信阳地区。1998 年 6 月，经国务院批准，并由省人民政府 7 月 29 日正式通知，撤销信阳地区，改设地级信阳市。息县属之至今未变。

资料来源：息县政府网。

二、理论维度的县制

县制作为一个层级结构，是国家为有效管理社会公共事务，按照一定法律程序建立起来的，有其设置及运行的自身特点和规律。

（一）垂直层级链条

让组织承担起权力运行载体的职能，必须对组织体系进行垂直分层和横向分部①，二者统一才构成完整的组织结构。行政组织的垂直分层即行政组织的纵向结构，是上下级政府之间以及上下级政府所属部门之间形成的关系形式。它按照等级原则设计而成，行政职权和对应的职责从最高层向最低层沿直线垂直分布。行政组织垂直

---

① 行政组织的横向分部即行政组织的横向结构，它是指同一层级各部门之间构成的分工合作的关系形式。在某一层级政府中，除领导统率机关外，一般还需要按照行政目标和业务性质对总职能进行分解，确立职能部门。这种结构的特征是分工合作、相互协调。分部化的各行政部门在一级组织的领导下，从事各职责范围内的工作任务。参见孙学玉等著：《公共行政学》，社会科学文献出版社 2007 年版，第 61—62 页。

结构中的每一个层级都有相应机构、职位、人员和责任、工作程序的等级划分，同样有对应级别的权力配备。一般来说，在同一垂直结构上的不同层级所管辖的业务大体相同，但管辖的范围随着层级的降低而缩小。换言之，层级越高，管辖范围越大，所具有的权力也越大，对应的职责也越重。

按照效率、效能原则，纵向层次要尽可能适中适宜，不可过多，以缩短行政距离，降低信息失真失落率，便于上下沟通，提高工作效率。实践表明，管理层次每多出一级，信息的失真失落率就会增加一倍。层级过多，也会造成程序复杂、手续繁多、公文旅行、官僚主义丛生，不仅延缓信息传递的速度，而且容易增加推诿扯皮现象，从而造成人财物的浪费，降低行政效能。

就我国来看，县级是行政垂直结构中的重要层次，上有中央、省区层级，还有行使代管职能的地级市，下有乡镇层级。这些层级一般划分为中央政府和地方政府，地方政府又分为省（直辖市、自

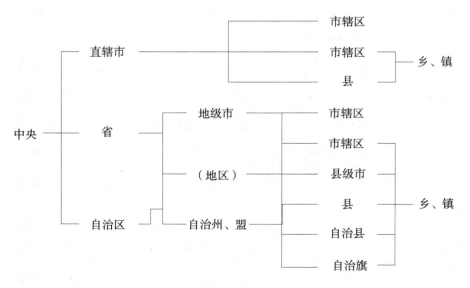

我国行政组织纵向结构图

治区）、市（州、地区）、县（旗）、乡（镇）四级，过去某些省份，县与乡（镇）之间还有派出机关——区公所。相对于世界多数国家而言，这种纵向层级设置显然过多。本书所讨论的焦点即在于县级政事应当由省市区管理，还是由地级市管理的问题。表面上看是增加一个层级，还是减少一个层级，深层问题是垂直权力如何整合分解的问题。

（二）横向幅度

幅度是组织垂直结构的重要概念，是指一级组织或领导者直接领导和指挥的下级组织数目或人员数量。如，省级政府直接领导 N 个地级市政府，一个行政机关直接领导 N 个部门，一个局长直接领导 N 名处长，等等。层级不是孤立存在的，其多寡是与幅度直接相关的，所以讨论垂直结构层级，必然要涉及到幅度问题。

在同一组织内，层次与幅度之间呈反比关系，即幅度小时，层级就多，这时呈尖三角形；幅度大时，层级就少，这时呈扁三角形。幅度有一个量的限制问题。过宽，上一级组织管不过来，疲于应付，尤其在沟通、控制和协调方面容易出现问题；过窄，则会管理过细，干涉下级事权。因此，行政层级和行政幅度中任何一个因素的变化，都将会引发另一方的变化。有人将行政幅度作为自变量，认为中层的行政幅度以 9—12 为宜，也有的主张 8—9 为宜。这些观点，严格来说是缺乏科学依据的。其实，影响行政效率的因素很多，我们很难在不分层级、不分地域、不分能力的情况下，做出量的统一规定。不过，在具体处理行政层级与行政幅度之间关系时，有一些最基本的变量关系必须加以考虑，如：行政管理对象的复杂、难易程度，被管理者的素质高低，行政管理者能力的大小，行政管理手段的现代化程度，法律规范和运行机制的完备程度，等等。如果公共事务简单，下一层级素质高、自我管理能力强、管理手段现代化程度高、法制和运行机制完备，行政幅度就可以大些；反之，就应当小些。当然，行政管理活动是错综复杂的，随时可能出现新的变化因素，需善于审时度势，适时对幅度进行调整。

管理幅度的大小对于提高行政效率至关重要。当前，我国行政结构存在严重缺失，管理幅度失当、比例失调。由于层次过多，管理幅度偏小，加之简政放权和市场经济体制的建构，特别是我国地域辽阔，人口众多，各地情况变化快、差异大的复杂国情，幅度偏小的行政组织越来越难以适应发展的需要。

（三）动态重构

从行政组织与行政权力的关系看，行政权力来源于人民的授权和委托，即人民为了更好地处理公共事务，将一部分权力让渡出来，并组建专门机构——行政组织来行使这部分权力。从这一意义上说，静态的行政组织是行政权力的实体性载体，二者是"皮"与"毛"的关系，行政组织机构如同"皮"，行政权力如同"毛"，没有行政组织，行政权力就会失去附着体。动态的行政组织体现为围绕公共事务所进行的行政活动。动态的行政组织为行政权力的行使提供了实体，保证了行政职能的实现。

当把县作为底层架构基础时，就必须使每个县有合理的权力空间和区域大小，确定上有多少层级，下有多大幅度，使县级并不因层级多而处处掣肘，也不因幅度过大而失去控制。因此，理论维度中的县制，是一种类似于设计精密机械组织层级再造，必须确保中央权力能够通过中间齿轮有效传递给县级政府，在有必要时能够及时刹车制动。

三、现实维度的县制

（一）基于经济发展的考量

从 20 世纪 50 年代初开始，国家将城市和农村分割为相互缺乏市场联系的两个区域，以不同的体制和方式进行管理。城市以国有制经济形式和工业活动为主，城市就业和生活几乎全部由国家统一治理起来。以农村为主的县域经济，第一产业占大头，组织形式上以集体所有制、个体经济形式为主。城市享有政府充裕的公共投资，而县域经济只能采取自发的、受到严格限制的、甚至是"违规"的方式发展。国家通过工农产品的不等价交换，从农业部门取得巨额资金。改革开放前 20 多年，国家以工农产品价格"剪刀差"形式从农业中提取的经济剩余估计在 6000 亿至 8000 亿元之间。改革开放之后，尤其是市管县体制之下，县域经济为城市经济提供了巨大的资金、土地、劳动力等资源。

由于政策以及历史原因，"生之者寡，食之者众"的矛盾在县域比之城市突出。县乡庞大臃肿的财政供养人员队伍，使其本来有限的财政更加紧张，有些县级财政赤字率高达 50% 以上，而且呈扩大趋势，很多县也只是"有钱养兵，无钱打仗"的"吃饭财政"，有的靠借款、贷款和向国家伸手要补贴度日。有人大代表说："中央的日子富过，省里的日子好过，市里日子能过，县里日子难过，乡镇日子没法过"。虽有言过其实之嫌，但县级财力不足之窘境可见一斑。

案例参考

基层财政缺口大

很难想象,2011 年一般财政预算收入超 200 亿元的江苏昆山市,与财政收入分别为 93 亿的山东滕州市和 9.3 亿的云南嵩明县看似差别巨大,其实面临着一个完全相似的问题——财政缺口大。

2012 年 1 月 9 日,第二届中国县域经济发展高层论坛在人民大会堂举行。全国百余位县(市)领导齐聚一堂,探讨县域经济发展的现实困境和转型之路。其中,基层财政的困境及解决之道成为论坛上最受关注的话题,滕州市市委书记董沂峰的一句"天天想钱",引起在场嘉宾的共鸣。

江苏昆山市代市长路军在论坛上表示,"每个县(市)遇到的问题各异,我去年 6 月到昆山工作,觉得这个全国百强县一年可用财力达到 100 多亿元,肯定不会缺钱,但半年下来发现现实却是很缺钱。"

路军说,"去年除去政府型资金、土地收益及上缴给国家的接近 200 亿元,市里剩下的钱只有 174 亿元,还有很多必须要投的,如教育、公共交通、科技人才等方面。"他举出了科技和人才方面的巨大缺口。"从 2009 年开始,我们每年拿出不低于财政一般预算收入的 6% 用于科技和人才方面投入,这个投入非常大。但这件事必须要做,而且这个钱还真是不够。"

对此董沂峰深有同感。"去年财政收入 93 亿元的滕州市在山东省 140 个县中排第四，而财力 58 亿元更是山东县级市的第一名，但缺口仍非常大，财政收入的增长远远满足不了改善民生的愿望。"他表示，让农民过上城里生活、真正让农民享受和城里一样的公共服务，这一愿望和财政收入之间的巨大差距让他"天天想钱"。

云南嵩明县委书记则表示，作为西部地区的一个县，嵩明和中东部地区相比差距更大，去年的总收入是 9.3 亿元，虽然已连续几年保持接近 40% 的递增，但如果要解决民生和发展问题，缺口依然很大。

资料来源：杨芮："市委书记直言'天天想钱'曝基层财政缺口大"，http://money.163.com.

（二）基于政治发展的考量

"县域政治发展主要包括县域政治民主的发展、政治稳定的维系、政治体系权威的巩固、政治决策和决策执行能力的增强、政治制度化水平的提高、政治文化的世俗化。"①20 世纪 50 年代后期开始逐渐形成的极为严格的户籍管理制度，国家将居民区分为农业户口和非农业户口两种不同户籍，人为地将城乡居民分割为两个在发展机会和社会地位方面不平等的社会集团。大量的人口限制在县域之内而不能自由流动。县域政治以维持安全稳定为首要任务，政治发展较为滞后。以选举为例，长期以来，农村与城市相比，每一全国人民代表大会代表所代表的人口比例为 4 比 1。直到 2010 年选举法修正案才明确，全国人民代表大会代表名额按照每一代表所代表的城乡人口数相同的原则，以及保证各地区、各民族、各方面都有适当数量代表的要求进行分配。

应该看到，县域对政治权利以及政治秩序呈现出的强烈需求远

---

① 吴家庆：《我国的县域政治发展刍议》，载《政治学研究》2006 年第 3 期。

大于城市，而政治发展所释放的正面积极效应，也将远大于同样政策的城市效应。以干部来看，一个科级干部，在城市可能微不足道，在县里可能是管理上万人的乡镇领导，也可能是主管全县某一领域工作的科局长，其言行代表了党和政府形象，决定着党和政府的政策执行。惩治县里一个贪官污吏，其影响可能远大于惩治中央部委的同级别官员。改革开放以来，以村民自治、村务公开、县乡直选为代表的县域政治发展，取得了丰硕成果。垂直权力分合之由，其中很重要的就是要促进改革和完善县级党组织的执政方式，提高其执政能力，扩大县域政治参与，促进县域政治发展。

（三）基于文化发展的考量

县域文化较之城市文化，在语言特色、心理特质、价值取向以及建筑、服饰等都更具地域特色。县域文化是传承、培育、贯彻民族传统方式，也是都市文化的至要枢纽。先进文化的传播、创新与实践离不开县域文化这一渠道。但我国县域文化的发展极不平衡，普遍存在着文化意识不浓、文化市场粗放、文化产业规模偏小、文化产品档次不高、文化生活奇缺、文化人才流失等问题。仅以文化宣传媒体来看，拥有日报的县（市）仍然为少数，而县（市）级电视台、广播台的影响力和传播效应也普遍较低，同时县（市）电影院、文博馆、图书馆等文化机构的生存压力也较大。

县制与县域文化有着相互依存的关系。一方面，县制常常以一方文化为界，县域文化对于该地人们的凝聚力、感召力，具有别的类型的文化无可替代的作用。另一方面，县制又制约或者引导着一方文化发展，成为文化发展的行政依托。文化发展是经济社会发展的必然要求。如何引导县域文化发展，合理配置文化资源，是垂直权力调整无法回避的领域。

（四）基于社会发展的考量

我国经济建设和社会建设"一条腿长、一条腿短"的问题依然存在。尤其是县级政府提供均等化公共服务的能力低下，导致县域教育、医疗、社会保障等公共服务供给短缺，同时农民也很难进入城市，共享城市公共服务。县域社会长期处于衰败状态，治安问题、社会自治问题比较突出。在压力型社会管制之下，县域慈善机构、非政府组织、妇女组织、宗教团体、专业协会、自助组织、商业协会等社会组织和公众的自主空间非常有限，难以发挥其参与社会治理的最佳效能。因此，在权力调整和重构过程中，应该给予县域社会主体足够发展空间。

（五）基于生态环境的考量

县域是同时具备地域、空间和行政独立性的最基本区域单元。县域经济与城市经济的一个很大差异在于，县域经济发展主要依靠自然资源，而城市则主要靠生产要素的集聚。随着县域经济进入高速增长时期，出于对经济增长的片面理解和对 GDP 崇拜，也由于县域经济发展中的资金和技术障碍，县域经济耗竭资源，废弃物排放量增多、生态环境破坏加剧。环境恶化，抵消了经济发展带来的收益，人们的幸福感和满意度下降。更应关注的是，在市管县体制下，县经常既要尽其所出，供给城市消费品；又要提供土地空间，填埋处理城市垃圾，生态环境压力较大。现在城市发展遭遇越来越严重的"城市病"，县域作为城市的"后花园"，在寻求经济增长时，必须处理好可持续发展与资源、环境的关系。而这又要仰仗在垂直权力分合中尽可能将县域与城市的"供养"关系转变为合作关系、市场关系。

四、后现代维度的县制

信息社会崇尚个性、瞬息万变。源自官僚制模式构建起来的线性行政组织体系日益暴露出不适应性，如同一部老化的机器。

（一）信息阻滞回应力下降

行政组织有上下之分，人员级别有高低之分，一级管一级，一级对一级负责，节制严明，标准统一，这对于增强上级对下级控制力，减少上一层次管理幅度，提高政府行为的可靠性，等等，都有积极作用。这一结构是以适应大工业社会模式化、标准化的工作和生活需要设计的，而在信息社会，社会经济生活节奏加快，行政对象越来越具有动态性和不可控性，要求政府更加灵活、主动。现实生态的新情况新问题，传统组织是难以适应的。因为，它产生的逻辑起点就是以限制主观能动性为代价的。在这种组织体系中，行政人员习惯于把遵守规定变成目的，"不求有功，但求无过"，易趋于保守、胆怯，缺乏进取心和创新精神。

寇尔摩根公司原总裁史维季特曾作一试验：将两只滑轮溜冰鞋用一根弹簧连起来，用第一只鞋来控制第二只鞋的移动，结果后者与前者的运行基本上能够保持一致。接着再用另一只弹簧连起第三只鞋，并试着借助第一只鞋的运动来控制第三只，偏差拉大，难度也进一步加大。接着继续增加溜冰鞋，每只鞋都附上不同弹性系数的弹簧，这样到一定的环节后就无法控制最末端的鞋子了[①]。

官僚制的线性型组织远比溜冰鞋和弹簧连成的线要复杂得多。

---

① 彼德·圣吉：《第五项修炼：学习型组织的艺术与实务》，上海译文出版社1996年版，第332页。

多层级使信息传递变缓，加上官僚主义作风所形成的文牍主义和对要式行为的偏好，效率就更低。这种结构是一种层层向上负责、级级向下传递的嵌套式行政机制，不但容易造成信息误传、失真和滞后，而且易使基层行政人员无法准确理解高层意图。正如德鲁克所言：组织不良最常见、最严重的病症，就是管理层次太多。

组织结构上的一项基本原则是，尽量减少管理层次，形成一条最短的指挥链。由于沟通主体是具有价值偏好的不同层级的官员，信息歪曲、截留现象便不可避免。还有一点，等级划分使下级仰仗上级的大脑思考问题，下级只能被动地对上级负责，造成对公众和社会的需求缺乏及时回应性，而这一点又恰恰是信息社会的大忌所在。施密特曾指出：官僚组织"在理想的情况下，通过高层领导者采用源于问题分析的完全信息来制定理性决策，决定达到明确目的的最佳方式，类似于原因决定结果⋯⋯这些概括性陈述通过官僚层级传给专业化办公室的次级官员⋯⋯然后培训底层工人，并负责机械地执行这些任务⋯⋯沟通是自上而下的⋯⋯官僚体制于是理性地构造和压制了信息，并分散了整体知识"[1]。

层级结构倾向于强调信息自上而下传递，身处等级结构中最高层次的人，尽管能够控制一些越出正常的政策执行程序的举动，但他们并不真正了解政策执行情况。最了解政策执行情况的人是那些执行政策的人，而他们却没有决策权。他们只能通过组织内自下而上的信息通道逐级传输。然而，当下行政组织往往以金字塔的形式构建，越到高层越狭窄，尽管这对于分解任务和处理自上而下的指令是必要的抑或是有益的，但是在处理自上而下

---

① SCHMIT M R. GROUT: Alternative Forms of Knowledge and Why They Are Ignored. Public Administration Review, 1993, 53 (6)：525–530.

的信息传输时，却有可能造成大量信息超载或阻塞问题。[①] 行政组织中的领导者既因信息的短缺而频添烦恼，又因信息的泛滥而苦不堪言。

（二）多层级组织功能日益衰退

后现代理论认为，当代世界的错误在很大程度上同强制性地将整体分割成若干片断、个体有关。这些划分出来的"边界"变成了冲突的滋生地，如对种族、阶级、宗教、意识形态、性别、语言、年龄和文明的划分，等等，导致连绵不断的暴力和苦难事件的产生。[②] 这种人与世界、人与人、事物与事物之间分割对立的现象，也随着以理性官僚制为蓝本的行政组织的建立和"完善"出现在政府领域，在"政府与民众、政府行政机构内部以及每个管理者的人格内部"等领域体现出无所不在的分裂。[③]

根据理性官僚制模式形成的行政组织背后所隐藏的是技术理性的宏大叙事。由于过于强调技术性和专业化，部门划分越来越细，部门数量日益增加。由于被隔离，各部门之间分工而不合作，相互制约，相互扯皮，像一个个"鸽笼"，形影相吊、隔"岸"相望，"部门之间错误的交流、误解、调解、电话"等扯皮掣肘的事件不断发生[④]，并"造成袖手旁观、人心涣散以及背后活动，在这种情况下，

---

① 陈国富：《官僚制的困境与政府治理模式的创新》，载《经济社会体制比较》2007 年第 1 期。

② 理查·A. 福尔柯：《追求后现代》，载《后现代精神》，中央编译出版社 1998 年版，第 127 页。

③ 波林·罗斯诺：《后现代主义与社会科学》，上海译文出版社 1998 年版，第 128 页。

④ 麦克尔·哈默：《超越改革：以流程为中心的组织如何改变着我们的工作和生活》，上海译文出版社 1998 年版，第 33 页。

就不可避免地埋下邪恶并滋生管理成本"①。这种"鸽笼"式专业化分工无休止扩展的结果，便是我们在当今政府中到处可以看到的部门林立、重叠交叉、相互推诿、臃肿庞大、官僚主义猖獗等问题。在计划经济时期的社会主义国家，这种现象就更为严重②。

在信息化、全球化时代，公共事务的复杂易变，使得合作变得更加重要，许多问题非一个部门所能解决，往往需要进行跨部门甚至跨国度的合作。传统行政范式既是行政发展的障碍，也是行政改革的重点对象。

"八个部门管不好一头猪"？

"食品安全监管的最大问题是政府行政部门齐抓不管。"北京市食品安全协调办公室有关负责人说，他所在的北京市食品安全办公室，成员部门有 15 个，包括农业、卫生、质检、工商等各个与食品安全有直接和间接关系的委办局。而每一项工作，都存在两个或两个以上部门共同管理的现象。"这是对行政资源的浪费。"他说。"八个部门管不好一头猪"，是人们对肉类生产过程中出现问题的一

---

①　麦克尔·哈默：《超越改革：以流程为中心的组织如何改变着我们的工作和生活》，上海译文出版社 1998 年版，第 33 页。

②　政府在这一历史时期是"保姆政府"、"无限政府"，是充当资源配置的唯一主体。从企业的产供销，到公众的衣食住行、吃喝拉撒睡，政府都要管理和提供服务，有了这些职能，就要设立相应的机构，部门林立、机构臃肿之状况便可想而知了。

种形象说法。

据介绍，肉类生产的第一个环节，生产兽药的企业由药品监督管理局、工商局负责；第二个环节使用农药的养殖业由农业部门负责；第三、四个环节即兽药载体的饲料生产企业和饲料添加剂，由农业部门负责；第五、六个环节肉畜收购和屠宰企业，除个体和私营业者外，均由商业部门负责；第七、八个环节销售及卫生监督，由商业部门、质检部门和卫生部门共同负责。"比较好管的，或者有一定好处的，有一定权力的，大家抢着管。"中国食品添加剂生产应用工作协会秘书长齐庆中说，许多企业这样描述食品安全监管部门众多、职能交叉的现象。

有资料显示，在此背景下，近年来我国消费者对食品安全信任度一度低于50%。食品安全监管问题越来越引人关注。

资料来源：王幼华："八部门管不好一头猪，齐抓不管造成食品监管漏洞"，人民网，http://society.people.com.cn.

（三）组织责任保障功能日渐丧失

垂直权力过度分割导致各自为政、互不通融。就像筐中螃蟹，你钳住我，我拉住你，谁也不能随意动弹，就像钟表里的齿轮，我动几下，你动几下，谁也不能多动、早动。由于最小的责任单位是一个系统，一个整体，他们不担心单独负责问题。最终，这种机制必然会滋生出一大批不负责任的机构和人。

当下中国，行政组织离理性官僚制要远逊于西方发达国家，即理性官僚制不足。尽管如此，上述现实困境和内在矛盾或多或少地都在我国行政组织中有所体现，并伴有本土色彩。

五、变革维度的县制

改革开放后，我国城市发展较快，1981 年至 2007 年的 27 年中，增加了 433 个，是 1980 年以前 60 年设市总量的 1.9 倍。1997 年下半年，中央叫停我国"县改市"进程。截止到 2005 年底，我国 374 个县级市占 2010 个县级政区（不包括市辖区）的 18.6%，现有市 70% 以上采用整县改市模式。与此同时，"县改区"、"市改区"进程也大大放缓。从 1997 年决策初衷看，当时是为防止城镇建设热大量占用耕地而叫停的；从近年"县改区"、"市改区"动议未批复的个案来看，是因为所申报的县（市）工业化程度低，城镇化率不高，经济基础相对薄弱。笔者认为，近十几年叫停相关政策和动议，有利于各地总结经验，重新审视县制，探索新的确立县（市）主体地位模式。

分权县制改革还有一个视角，就是推行强县行权，这在全国有不少典型。浙江省在 1992、1997、2002、2006 年，依次实施了四轮扩权工作，成为全国实施"市管县"体制后进行强县扩权的最早尝试者和成功者。2002 年以来，湖北、河南、安徽、广东、江西、河北、辽宁、黑龙江、四川和江苏等 19 个省相继开展了"强县扩权"改革。这些改革是在现有行政管理体制框架下对市县经济和社会管理权限的调整，一般都以财政直管为切入点，以经济管理权和部分社会管理权近似于"省直管县"的管理体制为导向，对于解决地级市与县（市）之间的利益矛盾，形成一批经济活力强、发展速度快、综合素质高、带动作用大的县（市），促进城乡经济和区域经济协调发展具有积极意义。强县扩权可以视为在不变革行政架构的前提下，对垂直权力的一种重组，是渐进的，也是必须的。

财政涉及利益关系，财政直管是县制改革的敏感问题。对于省直接管理县市而言，又是必经阶段，也是县制改革的重要激励和保障。因此，财政直管并非财政预决算、分配技术问题，而是一项关系战略、意义长远的决策。

中央政策层面，推进县制改革的力度有增无减。党的十六届五中全会就制定"十一五"规划问题，提出要优化组织结构、减少行政层级，条件成熟的地区可以实行省直管县的财政体制。国家第十一个五年经济社会发展规划正式将推进强县扩权、省直管县（市）写入未来五年的改革事项。2009年2月《中共中央国务院关于2009年促进农业稳定发展农民持续增收的若干意见》提出，要推进省直接管理县（市）财政体制改革，将粮食、油料、棉花和生猪生产大县全部纳入改革范围，将省直接管理县（市）财政从试点推向了全面实施。2009年，财政部发布《关于推进省直接管理县财政改革的意见》，提出2012年底前，力争全国（除民族自治地区外）全面推进省直接管理县财政改革。2010年10月18日，十七届五中全会通过的《中共中央关于制定国民经济和社会发展第十二个五年规划的建议》，明确提出："继续优化政府结构、行政层级、职能责任，降低行政成本，坚定推进大部门制改革，在有条件的地方探索省直接管理县（市）的体制"。2012年11月，党的十八大报告再次明确要求："优化行政层级和行政区划设置，有条件的地方可探索省直接管理县（市）改革"。

垂直权力分合

省直管县体制研究

第二章　垂直权力分化的有限整合

当下之市管县体制，是在行政体制和行政区划上，根据国家政权建设需要，兼顾经济联系、自然地理、历史传统、文化背景、民族分布等因素，把一定区域内的县（市）划归同一中心城市管辖，并由所属省统一领导的行政体制。简而言之，就是中心城市对其周围的县实施领导的体制。就其本质而言，它是以垂直权力局部整合为手段，推动地方经济社会发展，并在一定区域内实现城乡权力的一体化。市级建制是垂直权力分化与整合的重要节点。

一、市管县体制的发生发展

自 20 世纪 20 年代中国市制萌芽开始，市一直是人口密聚"点"上的一级行政建制，市与县、城与乡之间被严格封闭隔离。新中国成立后，随着城市型政区的发展，市领导县体制开始出现，建制市逐渐演变为广域型行政建制。1949 年兰州领导皋兰县，1950 年旅大市（今大连市）领导金县、长山二县。实行市领导县体制的主要目的是为解决大城市蔬菜、副食品基地建设问题，并无"带"县之意。"大跃进"、"人民公社化"时期，市领导县体制范围有所扩大。1958 年，国务院先后批准北京、天津、上海三市和辽宁省实行市领导县体制，并逐步在一些经济较发达地区试点推广。1959 年 9 月，为进一步推进工农业生产的"大跃进"和农村人民公社化，加强城市与农村联系，促进工农业相互支持，便于劳动力调配，全国人大常委会发布了《关于直辖市和较大的市可以领导县、自治县的决定》。此后，这一体制便以法律形式确立下来。到 1981 年，全国有 57 个市领导 147 个县，分别占全国地级市以上的 51.4% 和县的 6.9%，平均每市领导 2 个县。

20 世纪 80 年代，商品经济引入流通领域，区域经济快速发展，但由于传统体制的影响，经济体系的垂直性特征仍然十分突出：一是块块分割。长期的计划经济以及 20 世纪 50 年代后期和十年"文革"的两次放权，地方政府经济主体地位确立，地区间利益冲突和矛盾加剧，在利益最大化的诱引下，地方政府的经济行为被严重扭曲，行政对经济的干预泛化，块块经济逐步形成。每个行政区域都建立起相对独立的工业体系，区域间的专业分工和协调受阻，生产资料来源和产品输出均依赖上级行政机关调拨，企业之间不是通过市场发生关系，而是按照上级计划安排，属于典型的行政控制关系。二是条条分割。在传统体制下，企业没有独立的经济地位，它们分属不同行政部门，受上级行政机关支配，不但缺乏积极性主动性，而且缺少地方政府支持。三是城乡分割。我国的城乡关系一直都是各自独立的，城市管工业，农村管农业，城市和农村基本不发生经济联系，经济行为都由上级政府计划安排，特别是以限守一隅为主旨的户籍制度，严重阻碍城乡经济协调发展。

为促进地区间的交流合作，1980 年国务院发布《关于推动经济联合的暂行规定》，提出"扬长避短、发挥优势、保护竞争、促进联合"的方针，拉开了我国横向经济联合的序幕。1981年全国人大五届四次会议上提出"以大城市为依托，形成各类经济中心，组织合理的经济网络"的要求。中共中央〔1982〕51号文件发出改革地区体制、实行市管县体制的通知，旨在扩大区域联系，加快城乡一体化建设步伐。此后，地市合并，城市升格，建立市管县体制成为行政改革的主导模式。1983年3月，江苏省率先撤销原来的7个地区，推行市管县体制，在原有南京、苏州、无锡、徐州、常州、南通和连云港7个省辖市的基础上，改盐城县为盐城市，同时把淮阴、盐城、扬州、镇江四地区辖市提升为省辖市。改革后的省行政区划，省辖市达到11个，分别管理62个县、2个县级市和41个区。

为推动市管县体制和行政机构改革，1983年2月，中共中央、国务院下发了《关于地市州党政机关机构改革若干问题的通知》，要求"积极试行地、市合并"。此后，市管县体制实施范围逐步扩大，并向西部地区和部分欠发达省份转移。这一措施在推行过程中由于各种因素的影响逐渐变异，被渐变为地区改市，即在本来并不存在地区与地级市同城的地方，搞所谓市管县体制，以行政手段将一些县级市甚至城关镇升级为地级市，然后再进行地市合并。如，江苏省的淮阴、盐城就是先提升为省辖市后再实行地市合并的。

20世纪90年代，地市合并和市领导县范围的进一步扩大。中发〔1999〕2号文件《关于地方政府机构改革的意见》指出："要调整地区建制，减少行政层次，避免重复设置。与地级市并存一地的地区，实行地市合并；与县级市并存一地的地区、所在市（县）达到设立地级市标准的，撤销地区建制，设立地级市，实行市领导县体制；其余地区建制也要逐步撤销，原地区所辖县改由附近地级市领导或由省直辖，县级市由省委托地级市代管。""市管县（市）"体制改革力度的加大，使原地区行署建制逐渐退出历史舞台，目前仅在一些边远省区有少量存在。据统计，1983 年有 138 个，到 2005 年仅存 17 个，分别存在于黑龙江省（1 个）、贵州省（2 个）、西藏自治区（6 个）、青海省（1 个）、新疆维吾尔自治区（7 个）等五省区。相反，领导县的地级市发展迅猛，1982 年 55 个、1987 年 152 个、1998 年 202 个，到 2005 年年底则达 283 个，领导着1838 个县级行政区（不含市辖区），分别占市和县级总数的 85% 和 64%。[①] 当时全国有江苏、辽宁和广东等 15 个省区全部实行了市管县（市）体制。

30 多年过去了，市管县体制仍是当下各省市区的主要区划模式，构成了最基本的纵向权力结构体系。这一体制的实行，使我国的行政区划突破了宪法规定，由四级制向五级制转化，也使市建制由 50 年代的城市型政区逐渐演变为广域型政区。

二、市管县（市）体制的机理

计划经济要求区域经济和区域行政必须协调一致。逻辑上看，市管县体制应是这一政治生态变化的产物。市，作为政府权力承上启下的一个层级，不仅掌控发展的自主权，也整合了行政区划和经济区域之间的各种矛盾，扩大了经济区域的运行范围。

（一）分权改革中的行政区经济

行政区经济，顾名思义，即在一定行政区域范围内运行的经

---

① 资料来源：民政部网站：《中华人民共和国行政区划统计表》。

济。行政区经济也可称作"地方经济"或者"块块经济"，有学者称之为"诸侯经济"。较早提出该概念的是刘君德教授。他认为行政区经济，是在由传统计划经济体制下区域经济的纵向运行系统，向社会主义市场经济体制下区域经济的横向运行系统转变的一种奇特的区域经济类型。[①] 当然，行政区划对经济运行具有直接影响，改革开放前期的计划经济时期就表现得非常突出，可以说行政区就是一定范围的经济区，是一种被扭曲了的"经济区"。[②] 这种被扭曲了的"经济区"现象在传统体制下有两次大的表现，一是在"大跃进"时期，二是在"文革"当中。1958—1960 年，中央在处理与地方经济关系上盲目下放管理权，试图通过"块块"体制，建立起各自独立的工业体系。在具体做法上，过分下放企业的隶属关系、计划管理权、基建项目审批权、财税权和信贷权以及商品流通和物资管理权等。十年"文革"中经济管理体制又一次受到冲击，中央决定大规模下放企业和无准备地实行财政、物资和投资"大包干"，各地方也都开始追求各自的工商业体系。这两次放权使地方政府职能逐渐扩张，也直接导致各地"块块经济"或"行政区经济"的兴起。在中央计划安排下，各地产供销封闭循环，或"小而全"，或"大而全"，物资配置和合理流动受到很大限制，生产成本也大大增加。澳大利亚学者奥德丽·唐尼索恩（Audrey Donnithorne）用"蜂窝状"经济（Cellular Economy）来形容中国当时的经济分割。当然这时的"行政区经济"仍烙着浓厚的计划经济色彩，还称不

---

① 刘君德、舒庆：《中国区域经济的新视角——行政区经济》，载《改革与战略》1996 年第 5 期。

② 周克瑜：《走向市场经济——中国行政区与经济区的关系及其整合》，复旦大学出版社 1999 年版，第 4 页。

上真正意义的行政区经济，因为地方收支都是在中央严格的计划范围之内，地方经济缺乏独立性。但中央政府权力天平一旦向部门倾斜，"行政区经济"便开始让位于具有集权性质的"条条"经济。①

计划经济体制松动之后，中央与地方经济关系也朝着政府向企业、中央政府向地方政府放权让利的方向调整。为调动地方积极性、激发经济活力，中央扩大了地方政府的财权事权。1982年12月，国务院发出《关于改进"划分收支、分级包干"财政管理体制的通知》，要求从1983年起，除广东、福建两省外，其他省区实行收入按固定比例总额分成的包干办法。1985年，国务院在"利改税"的基础上，重新确定收支范围和包干基数，实行"划分税种，核定收支，分级包干"体制。1988年至1990年间，对不同地区实施6种包干办法。这些制度的出台，使地方政府在完成承包合同约定的上缴税金后，基本上可以自由支配本地资源，中央和地方的财政关系由过去的"一灶吃饭"变成了"分灶吃饭"。

在向地方扩大财权的同时，中央还将一些原属于中央的经济管理权限下放给地方政府，扩大了地方政府的经济管理事权。经济管理制度的调整，一方面调动了地方的积极性；另一方面也带来了负面影响，即与过去计划时代不同的"行政区经济"又一次得到强化。虽然市场作用机制初步建立，过去完全按行政区划分割和互相封闭的市场格局有很大变化，但由于各地政府财权和经济管理权一定程度的自主独立，在各自利益的驱使下，地区分割现象更加严重，行政区间的经济摩擦频频发生，以行政区划为单元的地方经济区由此

---

① 周克瑜：《走向市场经济——中国行政区与经济区的关系及其整合》，复旦大学出版社1999版，第73页。

形成。20 世纪 80、90 年代各地所谓的"蚕丝大战"、"棉花大战"、"啤酒大战"等，就是突出表现。在投资建设上，各地政府为发展地方经济，加大对工业的投资和对本地企业的行政扶持，从而造成地区间的重复建设和产业同构现象。由于银行分支机构是按行政区设置的，在一定程度上受地方政府控制，因此银行信贷投资往往给予本地企事业以优惠政策，不断拉动地方投资。

经济体制的改革深化，使企业像地方政府一样获得了一定自主权，成为一级经济主体。应该说，企业经济主体地位的确立，本质上要求有一个更加开放的市场，而不是一个封闭的"行政区经济"运行环境，这本应有助于淡化行政区经济功能，打破行政区之间的经济分割。然而，由于以下两方面原因，使得我国体制改革后行政区经济进一步趋于强化。一是中央对地方的分权和财政大包干体制的实行，地方政府作为独立利益主体的地位得到进一步巩固。在自身利益最大化驱使下，地方政府为涵养本地财源，往往加强对本地企业的"行政"保护，千方百计截留中央政府下放给企业的权力，使很多企业受制于政府，并直接为地方政府的"本位主义"服务。二是体制改革后，地方政府作为一级利益主体力量非常强大，成为是地区间竞争的实际主角，企业只是充当地方政府竞争的附属物。行政性竞争使得企业竞争缺乏公平规范的市场环境，迫使企业反过来不得不依赖于地方政府的"保护伞"。

在我国市场经济发育还不够成熟，政府职能没有得到根本转变的情况下，行政区划对经济运行的影响就会占主导地位，区域性经济会因此演变为行政区经济，二者的范围也将会趋于一致。

（二）行政区与经济区的有限整合

改革开放以来，区域经济割据的局面不仅存在于省区与省区之间，在省区以下的县市也表现得非常突出。地区行署作为省派出机构虽然有一定的区域协调能力，但由于缺乏独立的法人主体地位，作用是有限的。当时，各县市之间不仅在工业生产、原料供给和产品消费上相互分割封锁，就连基础设施建设如通讯、公路交通、自来水供应等也是各持一家，即使相邻的地区也是"鸡犬相闻、老死不相往来"。市管县体制实施之前，每个地区（指地区行署）通常都有一个中心城市，但在传统体制下，城市缺乏独立的经济主体地位，中心城市的作用难以有效发挥，经济的聚集和溢出效应难以体现，片面认为城市只管工业，农村只管农业。随着商品经济意识的不断加强，人们越来越意识到城市对周围区域经济的扩散和带动作用，中央明确提出要充分发挥城市的中心作用逐步形成以城市特别是大中城市为依托的、不同规模的、开放式网络型的经济区。1983 年市管县体制在江苏的试点和以后的逐步推广，目的就是打破地区间尤其是在一定区域内各县市间的区域分割和经济封锁。

市管县体制，即中心地级市对其周围县的领导，实际上也是城市领导农村，以经济发达的城市为核心，带动农村地区，形成以城市为依托的不同类型的城市经济区。对中心城市作用的认识，主要基于以下两个前提：一是城市是国民经济纵向和横向联系的结合部，部门和地区的经济活动大都是通过城市来实现的，实行市领导县体制就是为打破条块分割、组织广泛的横向经济联合提供有利条件；二是城市具有雄厚的经济实力、先进的科学技术和较高的经营管理水平，拥有一定的优势产业，只要实行市领导县体制，就可以以中心城市为基地，围绕这些优势产业实行跨行业、跨部门、跨地区的联合。① 由于中心城市的作用，实行市管县体制后，在一定程度上缓解了区域间的经济分割，增强了商品在行政区域内的流动性，一定行政区范围内的区域经济开始形成。但是当时市场经济刚刚启动，政府职能深受传统体制影响，区域经济范围有限，行政区域的范围往往也就是经济区域的范围，因此从严格意义上来说，还不能称之为区域经济。区域经济的范围是不固定，是开放的，它按照资源合理配置原则，随经济主体交往范围的扩大而扩大。而市管县体制，本质上是一种地方政权的存在形式及行政区划管理组织形式，有其统一的经济区受其控制并为其服务，行政干预比重较大，经济以外因素影响区域内的资源配置。

尽管如此，市管县体制在当时政治经济体制下还是有效地整合了行政区和经济区的制度和资源，解决了二者之间存在的矛盾和问题，扩大了经济区域范围，为经济社会发展起到了一定的促进作用。这也是下文将要分析的内容。

三、市管县（市）体制的效用

改革开放初期，商品经济发展缓慢，计划经济体制下的"块块"分割严重地制约着区域经济的发展。随着人们对中心城市地位和作用认识水平的提高，以中心城市带动开放型、网络型城市经济区的设想逐步形成，并得以在实践中推行。市管县体制的实施，重理了省以下政府组织的权力资源，在市这一层面统合了区划范围内城乡经济与县域经济的发展，在一定程度上解决了社会转型初期行政区

---

① 　浦善新：《对市领导县体制的反思》，载《中国方域》1995 年第 5 期。

和经济区的磨合问题，同时也推动了社会其他各项事业的发展。

（一）促进区域市场统一

我国长期实行市县分治的行政管理体制，使城市人为地与周围农村割裂开来，造成经济发展过程中的条块分割和城乡分割。城市政治、经济、文化、社会发展水平较高，而农村各方面则相对落后，这种分割状态不仅造成农村闭塞落后，也制约了城市经济的发展。市管县体制的实行，使城市有了较大的发展腹地，城乡在一定程度上实现了资源共享，协同共进。城市带动农村，农村依托城市，经济活力不断得到激发、释放，并逐步形成不同规模的开放式、网络式经济区，城乡交流摆脱了过去国家各种政策和地方保护主义的束缚，扩大了城市自主发展权，这在当时计划经济体制下尤为重要。通过市管县体制的实行，城乡结合优势得到有效发挥。城市利用自己的经济实力，通过行政隶属关系，加强了对农业的支持，同时合理地组织商品流通，建立了多渠道、少环节的商业体制。这一时期，城市对农村教育、科技、卫生等工作提供的资源，增长迅速，更为宝贵。

（二）促进规模经济形成

在市场经济还没有起步阶段，市县分治造成的行政隔绝和城乡间的经济壁垒，阻碍了贸易交流和资源流动渠道，城市的资金、人才、技术等优势得不到充分发挥。一方面，农村经济的振兴需要大量资金、技术和人才等资源支持；另一方面，城市资金、人才和技术囿于城市发展空间的有限而"无用武之地"，资源闲置。市领导县后，这一矛盾顺利得以解决，行政区的经济范围迅速扩大，实现了市场体系发育不成熟条件下生产要素在行政区范围内的优化组合，使城乡、市县优势得以互补，尤其是一些乡镇等弱小企业在中心城市的支持和帮助下，通过联合、重组等形式，规模迅速扩大，技术含量不断提升，经济效益明显提高。

（三）推动政府机构整合

实行市管县体制之前，省县之间准层次机构地区行署所属各机构基本上对应着每一个省级部门，除不设人大和政协等机构外，与所驻市机构交叉重复，人员闲置、自我服务现象严重。以江苏为例，1953 年 4 月，8 个专署只有行政编制 1633 人，到 1982 年底，7 个地区的党政群机关实有编制达 9379 人。1983 年实行市管县体制后，取消了 7 个地区，增设了 4 个地级市，地（市）级单位由 14 个减为 11 个，县（市）级单位由 68 个减为 64 个。除南京外，其他 10 个市的市级党政机关的工作单位由原来的 1032 个减为 551 个，减少幅度达 47%，工作人员定编 31535 人，较过去减少 32%。[①] 改革后，基本上达到了精减机构、减少层次、紧缩编制、提高行政效率之目的。但是，以后国家机构和机关工作人员编制重新膨胀，这主要是改革过程中政府职能没有得到质的转变所致。客观地说，在当时制度环境下，市管县体制对国家行政机构陈疴进行的仅仅是外科式的疗治。

（四）厘清地级主体地位

市管县体制解决了省县之间准层次长期"虚—实"不定和缺乏法律主体地位的尴尬局面。新中国诞生以来，地区的行政地位一直在虚实之间徘徊。我国《宪法》第 30 条对我国行政区域划分如下："省、自治区分为自治州、县、自治县、市；县、自治县分为乡、民族乡、镇。直辖市和较大的市分为区、县。自治州分为县、自治

---

① 《中共江苏省委关于实行市管县体制的情况报告》，载《江苏改革与发展 20 年（1978—1998）》，南京大学出版社 1998 年版，第 488 页。

县、市。"由于缺少宪法确认，地区行署虽然在很大程度上承担了一级政府的工作任务，但终因不具有相应的法律地位，成为中国政权组织形式中的另类。它没有地方权力机关，地区国民经济、社会发展计划、财政预算以及行署官员任免得不到人民代表大会权力机关的"批准"，政府工作也缺乏必要的监督。市管县体制也没有得到宪法的确认，但宪法对直辖市和较大的市分为区、县之规定为其发展留下空间。实行市管县体制后，省县之间层次由虚变实，市的重大决策、人事安排等都有人大的批准和监督；同时，其税收、财政也在一定制度规定下实现了与省、中央的比例分割，形成了真正意义上的地方财政。

（五）加快城市化进程

城市化是走向现代化的两个轮子之一，没有城市化就没有现代化。在计划经济体制下，城乡隔离，城市化发展缓慢，尤其是20世纪60年代初至70年代末，基本上处于停滞阶段。1978年底，全国城市化水平为17.9%，与新中国成立初期相比仅提高了7.3个百分点。1983年实行市管县体制后，国务院提出了内部掌握执行的设市标准和市领导县条件，这大大加快了我国城市化进程。到2000年底，城市化水平达到36.09%。市制的发展由1978年的193个（直辖市3个、地级市98个、县级市92个）发展到2007年的661个（直辖市4个、地级市283个、县级市374个）。① 最早试点的江苏省在市管县体制的推动下，城市化取得长足发展，城市化到2006年已达51.9%，市制数量由实行市管县体制前的7个地级市、4个县级市发展到2006年的13个地级市27个县级市。城镇人口

---

① 资料来源："中国行政区划网"和"中华人民共和国2002年度行政区划统计表"。

由 1982 年的 957.22 万人增长到 2006 年的 3918.19 万人，乡村人口由 1982 年的 5094.89 万人下降到 2006 年的 3631.31 万人。[1]

市管县体制，突出了城市在社会、经济发展中的中心地位和作用，不仅给城乡经济的快速发展和工业化、城市化水平的提高起到了促进作用，同时也给一些城市做大做强和城市现代化奠定了坚实基础。

四、对行政区划的影响

市管县体制带来行政区划的变化，也带来权力运行空间的重新组合，撤地设市、县改市、撤县设区等区划改革，频繁推出，市县权力关系更加纷乱芜杂，随之带来的问题也日益增多。

案例参考

随县的变迁

30 年来，随县（随州市）建制发生了多次变化，在"州"与"县"之间徘徊，成为中国县制变迁的一个缩影。

第一轮：县改市。

1979 年 11 月 16 日，国务院批准以随县城关和城郊公社大部地区设立县级随州市。随县、随州市均由襄阳地区领导。

---

[1]　数据来源：《江苏年鉴（2007）》，江苏年鉴杂志社编辑出版，2007 年版。

　　1983年8月19日，国务院批准(国函[1983]164号)：撤销随县，将随县的行政区域并入随州市（县级），由襄樊市代管（襄樊市始建于1950年5月，1979年6月升为省辖市，1983年9月与襄阳地区合并，实行市带县体制。）。

　　这一轮变动，先析出一个随州市，然后撤销随县，再并入随州市，行政区域、行政层级并没有变化，本质上就是"县改市"、"市代县"。

　　第二轮：升格为地级市。

　　1994年，湖北省政府将随州市由襄樊市代管改为省直辖。2000年6月25日，《国务院关于同意湖北省设立地级随州市的批复》（国函〔2000〕80号），同意撤销县级随州市，设立地级随州市。以原县级随州市的行政区域为曾都区的行政区域，作为市人民政府驻地。将孝感市代管的广水市划归地级随州市代管。

　　这一轮变化，使随州升格成为地级市，意欲朝着城市化广域政区发展，但无县可带，衍生出一个"曾都区"。

　　第三轮：市下重设县。

　　随州市人口258万，非农业人口仅50万。升格之后，市下无县，中央以及省里涉农的优惠政策无法享受，重置"县"制再次被提上议程。2009年5月5日，湖北省随州市随县获国务院批复重新设立，即在现随州市曾都区（市政府所在地）区划范围内，划出19个乡镇成立随县，新随县版图面积5673平方公里，人口98.1万。曾都区继续保留，辖区有9个乡镇、街道办事处。

　　这一轮变化回到了前两轮变化之前的状况，经过三十年三轮变化，在同一块土地上，仍然是一部分为县域，一部分为城市区域，难以融为一体，并且相互之间始终存在着城乡"统治"与"分治"

的矛盾、"州"与"县"之间的冲突，面临着行政层级增多的压力。

资料来源：根据随州市政府网站相关资料整理。

从江苏实践来看，市管县体制可以追溯到新中国成立初期，当时省辖市无锡领导无锡县便是这一体制的最早雏形。"大跃进"和"人民公社化"时期，市领导县体制在范围上迅速扩大，相继有南京市领导江宁、江浦、六合三县（1958 年），徐州市领导铜山县（1960 年），常州市领导武进县 （1960 年）。受三年自然灾害的影响，国家处于特殊时期，粮食供应短缺，各项事业遭受严重挫折。为维护政治稳定，国务院决定在全国停止实行市管县体制，因此，1962 年又把南京市所辖的六合、江浦二县划归扬州专区领导，江宁县划归镇江专区领导。以后市管县体制时行时息，在 1983 年江苏省全部实行市管县体制前，南京市还曾恢复实行领导江宁、江浦、六合三县的体制。以改革开放为起点来看，为了进一步密切城乡关系，促进工农业的相互支持，江苏省先后进行了三次幅度较大的区划调整。

一是撤地设市时期。自 1978 年至 1985 年，江苏撤销徐州、淮阴、盐城、南通、镇江、扬州、苏州等 7 个地区，同时将其所辖县划归所设的市。徐州地区撤销后，丰县等 6 县划归新设的徐州市，东海、赣榆两县划归连云港市；撤销淮阴地区和清江市，设立地级淮阴市，沭阳等 11 县划归淮阴市，灌云县划归连云港市；撤销盐城地区和盐城县，设立地级盐城市；撤销南通地区，所辖各县划归南通市；撤销镇江地区和镇江市，设立地级镇江市；将丹徒等 4 县归镇江市管辖，高淳、溧水 2 县划归南京市管辖；将宜兴县划归无锡市管辖，武进等 3 县划归常州市管辖；撤销扬州地区和扬州市，设立地级扬州市，泰州市由扬州市代管；撤销苏州地区，将吴县等 5 县划归苏州市管辖，将江阴、无锡 2 县划归无锡市管辖，撤销常熟县，设立常熟市，由苏州市代管。这一改革直接导致地区这一级派出机构消失，"省—市—县"管理体制形成。市作为省、县之间的一级行政区划在管理体制和地理空间上形成，在事实上改变了原有的"省—县"管理模式。

表1：1983年底江苏省市管县（市、区）统计表

省辖市	南京	徐州	无锡	常州	苏州	南通	连云港	淮阴	盐城	扬州	镇江
辖县市（区）	5县10区	6县5区	3县4区	3县5区	5县1市4区	6县2区	3县3区	11县2区	7县2区	9县1市2区	4县2区

资料来源：《江苏省志·地理志》，江苏古籍出版社1999年版。

二是县改市时期。1986年至1996年的10年间，随着经济社会飞速发展，县城规模不断扩大，全省大部分县城在这一时期陆续达到小城市标准。与这一发展形势相适应，行政区划也相应进行了调整，撤县设市，具体包括：仪征县、沙洲县（张家港市）、江阴县、丹阳县、宿迁县、东台县、淮安县、兴化县、宜兴县、昆山县、启东县、新沂县、溧阳县、如皋县、高邮县、吴江县、邳县、泰兴县、南通县、太仓县、靖江县、金坛县、江都县、海门县、扬中县、泰县（姜堰市）、句容县、吴县、武进县、无锡县、大丰县等31县。县改市提升了县的地位和影响，使县级市发展获得了更为有利的条件，但这一结果也直接导致大批"市管市"，小市与大市并立、或者实力倒挂的县级市与上级较弱地级市之间的利益竞争。"市管县"体制下市、县之间的协同效应逐步消失，开始出现利益龃龉甚至价值犄牾，"市管县"体制渐渐走向名不副实。

表 2：2002 年底江苏省市管县（市、区）统计表

地级市	南京	无锡	徐州	常州	苏州	南通	连云港	淮安	盐城	扬州	镇江	泰州	宿迁
辖县（市）区	2县11区	2市6区	4县2市5区	2市5区	5市6区	2县4市2区	4县3区	4县4区	6县2市1区	1县3市3区	3市3区	4市2区	4县1区

资料来源：《江苏统计年鉴2003》（电子版）。

　　三是撤县（市）设区，撤乡并镇时期。即1997年至今，在工业化、城市化快速发展过程中，大城市迅猛扩张，行政范围狭小的矛盾日益突出。在这一时期大城市行政区划进行了相应调整，撤消了城市周边的县（市），改设为"区"。如江苏省：设立泰州市高港区，以姜堰、泰兴2市部分区域为高港区的行政区域。将姜堰市部分区域划归泰州市海陵区；撤销江宁县，设立南京市江宁区；撤销县级锡山市，设立无锡市锡山区和惠山区；同时撤销无锡市马山区，并将无锡市郊区更名为滨湖区；撤销县级淮安市和淮阴县，分别设立淮安市楚州区和淮阴区；撤销邗江县，设立扬州市邗江区；撤销县级吴县市，设立苏州市吴中区和相城区；撤销县级武进市，设立常州市武进区；撤销南京市浦口区和江浦县，设立新的南京市浦口区；撤销南京市大厂区和六合县，设立南京市六合区；撤销丹徒县，设立镇江市丹徒区；撤销盐都县，设立盐城市盐都区。与之同步，撤乡并镇工作也大范围展开，全省乡镇总数由1998年底的1974个，缩减至2006年底的1103个（其中，镇994个、乡109个），缩减幅度达44.12%。全省村庄总数也由1998年底的35258个，缩减为2006年底的15109个，缩减幅度达57.15%。这种撤县（市）设区改革，使原有的市管县变为市辖区，一些县（市）消失，或者

说直接被其上级市"吃"掉了。

从形式上看，撤县（市）设区使原有的县（市）直接变为其所在"市"城区的一部分，由原来两级利益主体变为一级利益主体，消融了两级利益主体之间的矛盾冲突，并在体制上为上级"市"管理原有县（市）创造了法定条件，在物理空间上拓宽了城区范围，提高了城市化水平。但这种直接"吃"掉的方式，不仅未使原有矛盾得到解决，而且新矛盾又开始逐步积累，可谓陈疴未除，新病又来。新兴古典城市化理论认为，城市并不是越大越好，市场会自发地形成最优的分层城市结构。从这一角度看，把一些发展较好的县（市）采取直接"吃"掉，实质上是一种纯行政推动的区划变更方式，是否科学，有待实践去检验。

行政区划改革是伴随经济、社会发展和城市化进程逐步展开的，在不同阶段解决了很多问题。但是，随着我国政治经济体制改革的不断深入，新情况新问题层出不穷，市管县体制的积极作用渐被弊端消弭，局限性越来越凸显。

垂直权力分合

省直管县体制研究

第三章　垂直权力分合的缺失

作为一种实践模式，市管县体制的存废，已成为当下极具挑战性的话题。行政力量扯动着社会发展的神经系统，任何微小变化都可能引发"蝴蝶效应"。或者，就体制本身而言，它并不是一枚硬币，更不能只从两面来观察，不同的研究视角，得出的结论也会不同。从市级政权管理需求和县级政权突破这一冲动的两个层面来看，应能较为清晰地认知变革现有体制的价值。

一、市管县体制问题剖析

随着经济的转轨、社会的转型，市管县体制对县域经济社会发展的消极作用日趋凸显。也就是说，经济基础决定和改变着行政权力的内容和方式。在新体制下，垂直权力在市级过度分化带来的诸多弊端逐渐显现，同时市级政府原本的整合效用不断降低，权力分合失序以权力闲置和权力异动的多种形式表现出来，并逐步侵蚀市管县体制的合法性。为消除市管县带来的诸种弊端，扩权放权，强县固本，改革现行行政体制，就有了现实必要性。

（一）"小马拉大车"与"大马拉大车"问题①

市管县的主要目的是以中心城市的辐射力拉动所辖县乡的经济发展，但是，并非有了市就一定能起到这一作用。事实上，除传统的省会城市和一些中等发达城市带动力量较强外，一些工业基础薄弱尤其是由县级升为地级规格的城市就缺少这种力量。这些城市一般处于欠发达地区，城市化率低，远离中心经济区，所带县数量反而较多。按照 2004 年统计数据，平均每个地级市约带 7 个县市，撇开其管理幅度因素，这些城市是拉不动周边县区的，中西部地区问题更为严重。即便在经济发达地区，这种状况也是普遍存在。以江苏来说，苏北五个地级市中，除徐州为特大城市，人口规模、经济实力较突出外，其它几个城市综合经济实力不强，集聚和辐射能力较弱，难当带县重任（见表1）。1996 年江苏省实行"淮宿、扬泰分治"②就是对这种弊端的弥补。在表1中，从实带面积和实辖县市数来看，南京、无锡、常州、苏州属于大马拉小车，徐州、南通、镇江属于大马拉大车，连云港、淮阴、盐城、扬州属于小马拉大车。这只是就当时实行这一体制而言的。

---

① 从类型学角度看存在四种情况，即大马拉大车、大马拉小车、小马拉大车、小马拉小车。本书的"大"与"小"包括两个不同的分析维度。一是从市应带面积与实带面积之差、应辖县数与实辖县数之差角度看。假如应带面积和应辖县数明显高于实带面积和实辖县数，就属于大马拉小车，反之则属于小马拉大车。二是从市与县的经济实力对比分析角度看。假如市与所辖县的经济实力都很强又大致相当，就属于大马拉大车；假如市的经济实力不如某些所辖县，就属于小马拉大车。

② 1996 年国务院批准撤销县级宿迁市，设立地级宿迁市，新设宿城区，将淮阴市沭阳、泗阳、泗洪 3 县划归宿迁市管辖。撤销县级泰州市，设立地级泰州市，新设海陵区，将扬州市代管的泰兴、姜堰、靖江、兴化 4 县级市划归泰州市代管。

表1：江苏省各省辖市1990年经济实力比较表①

产值：亿元 面积：平方公里

城市	市区工业总产值	应带面积	实带面积	应增减面积	应辖县数（个）	实辖县市数（个）	应增减县市数（个）
南京	243.79	25054	6516	+18538	16	5	+11
无锡	163.47	16800	4650	+12158	11	3	+8
徐州	79.49	8169	11258	-3089	5	6	-1
常州	123.68	12711	4371	+8340	8	3	+5
苏州	124.75	12821	8468	+4353	8	6	+2
南通	74.36	7642	9140	-1498	5	6	-1
连云港	28.22	2900	6327	-3427	2	3	-1
淮阴	30.56	3141	19548	-16407	2	11	-9
盐城	23.15	2379	14983	-12604	1	7	-6
扬州	46.49	4779	12431	-7653	3	10	-7
镇江	50.22	5161	3843	+1318	3	4	-1

　　二十多年后的今天，我们反过来再看看市管县体制，市，这匹作为体制发韧之初用来领跑地区经济社会的"马"，能拉得动周边县（市）的"车"吗？苏南实力较强诸市作为"大马"，能拉动或有必要拉动周边县（市）更为强大的"车"吗？（见表2）

---

　　① 参看王庭槐、卞维庆：《市管县行政体制剖析及改革设想》，载《南京师大学报》1995年第4期。

表 2：2006 年苏州无锡常州主要经济社会指标

市　名		面积 (km²)	GDP (亿元)	人口 (万人)	人均 GDP (元)	GDP 较上年增长 (%)
苏州市	苏州市	8488.0	4820.3	616.08	78240.81	15.5
	苏州市区	1650.0	1369.9	230.2	59509.99	/ (<15.5)
	张家港市	998.5	841.6	88.78	94798.38	18.5
	常熟市	1264.0	809.3	105.48	76723.55	18.5
	太仓市	822.9	366.6	46.14	79460.34	23.0
	昆山市	927.7	932.0	66.68	139773.55	24.9
	吴江市	1176.6	500.8	78.8	63553.30	24.2
无锡市	无锡市	4787.6	3300.6	457.814	72094.56	15.3
	无锡市区	1760.9	1892.4	232.314	81459.58	/ (<15.3)
	江阴市	988.0	980.2	119.45	82056.93.	22.28
	宜兴市	2038.7	428.0	106.05	40358.32	16.3
常州市	常州市	4375.0	1569.5	354.67	44251.26	15.2
	常州市区	1862.4	1169.9	222.48	52582.7	/ (<15.2)
	溧阳市	1535.9	217.6	77.32	28142.78	22.1
	金坛市	976.7	182.0	54.87	33169.31	22.1

　　显然，苏州市在经济增长速度上和辖下"五小虎"相比已明显处于下风，人口上更是落下一大截。尤其是昆山、太仓、吴江经济，每年都以20%以上的速度增长，领跑全国。苏州不是老了，也不是跑不动了，实际上是体制效用式微了。

　　常州，目前在总量和人均上略显优势，但在增长速度上，仍落后于溧阳和金坛，平均速度差不多低7个百分点。如果2002年百强县武进市不被"吃"掉，则是另一种局面。2006年武进总面积1246.6平方公里，GDP为571.96亿元，人口为96.29万人，比上年增长 23.0%，人均为 59399.73 元。区域面积占常州市区的 66.93%，GDP 总量占其 48.89%，在人均和增速上大大领先于市区。可以说，武进占了常州市区的半壁江山。做出这种比较回顾，并不等于否定 2002 年武进市的撤市改区，而是用来说明市管县体制的抑扬变化规律，以及权力分合调整当合乎世易时移。这一现象，在珠三角、辽中南、山东半岛、福建沿海等经济发达的匀质型地区同样存在。

（二）层次过多与行政管理成本扩大

党的十八大报告提出："创新行政管理方式，提高政府公信力和执行力，推进政府绩效管理。严格控制机构编制，减少领导职数，降低行政成本。"这里所说的行政成本，是指政府机关在管理国家公共事务、实现管理目标过程中所耗费的人力、物力、财力等资源的总和。从狭义角度看，政府机构正常运行需要消耗资源，比如建筑物、办公设备、人员工资等。从广义角度看，政府行政成本还包括政府行政决策所付出的代价。

当前，我国行政成本居高不下，且有继续增长之势。据统计，从 1978 年至 2003 年的 25 年间，我国财政收入从 1132 亿增长到 3 万亿，约 28 倍；而同期行政管理费用则从不到 50 亿元升至 7000 亿元，增长达 87 倍，而且近年来平均每年增长 23%。行政管理费占财政总支出的比重，2003 年已上升到 19.03%，远远高出日本的 2.38%、英国的 4.19%、韩国的 5.06%、法国的 6.5%、加拿大的 7.1%、美国的 9.9%。截至 2006 年，我国公务员的职务消费比 1978 年增长了 140 倍还多，所占全国财政总收入的比例也从 1978 年的 4% 上升到 2005 年的 24%。而在国外，行政管理费一般只占财政收入比重的 3% 至 6%。当然，我们不能把这种成本的增加归咎于市管县体制，但可以肯定的是，层级过多致使权力过度分化是造成政府管理成本扩大的重要原因。

市管县之前，我国的行政层级由中央—省—县（市）—乡（镇）四级组成，这是宪法确立的结构体系。地区行署只是一个虚制层级。市管县后，省县之间的层次由虚变实，行政层次变为中央—省—市—县（市）—乡（镇）五级，这在秦汉以来是不多见的。历史上多级制（超过三级以上）的年限仅有 350 年，占所有年限的16.5%。大量研究成果证实，行政组织每多出一个层次，信息失真失落率就会大大增加。从科学管理角度而言，信息传递的中间环节要尽可能减少，以缩短决策层和实施层的行政距离，便于上下沟通，提高行政效率。市管县体制的设计，人为地制造出一个中间层级，省县之间权力被层层截留，信息沟通受到阻滞，这在信息网络高度发达和交通十分便利的今天已越来越不合时宜。在客观上，这种信息阻滞、政策扭曲所造成的显性损失本身即难以进行量化统计，而其背后的隐性损失更是无法估量。由于市一级抑制县一级决策权力，脱离县域经济及其农业社会发展实际所造成的决策损失及其连带效应，更在一定程度上延缓了农村现代化进程，拉大了城乡差距。总而言之，这种由权力分配失衡付出的代价是不能忽视的。

（三）城市化与城市虚化

城市化，是指由于社会生产力发展引起的城镇数量增加及其规模扩大，人口向城镇集中，城市文明不断向外扩散，区域产业结构不断转换的过程。[①] 事实上，城市化也是一个资源集聚与区域政权权力扩大的过程。而狭义上的城市化，则是指农村人口向城镇人口

①　郑弘毅：《农村城市化研究》，南京大学出版社 1998 年版，第 3 页。

转移的过程。衡量城市化水平的通常标准也是城镇人口（准确的应是非农人口）与总人口之比。

市管县体制的实行，地级行政中心城市的发展无论在人口规模、经济规模和社会服务功能方面都出现乘数效应，成为城市化网络上的重要节点，城市的"首位度"（行政中心城市即首位城市人口占该地区的城镇总人口的比重）均很高，且成逐年增长趋势（江苏地区参见表1）。当然，这种行政中心城市的发展与扩大对我国城市化的推动起到了重要作用，但是我们不能把这个目标任务仅仅放在几个特大城市和333个地级行政中心城市上。因为城市化的加速必然与城市承载能力形成尖锐矛盾，水电等生态资源、交通运输容量以及教育医疗等公共服务基础设施建设等等，都将在农民转市民的过程中接受考验。当前北京、上海等大城市的城市承载力问题已近极限，形成严重的城市病，如北京的交通阻塞已经严重影响市民的出行和生活，如果未来仅仅依靠现有的地级市来完成进一步的城市化势必会重蹈"大城市病"的覆辙，甚至会出现意料不到的新问题。

做个简单的测算，我国城市化每提高一个百分点，大约有1300多万人口需向城镇转化，发达国家城市化率一般是80%以上，我国2011年城市化率约50%，要达到发达国家水平，需要转化农村人口将近4亿人。这样平均分配到4个直辖市和300多个地级行政中心城市上，每个城市就要接纳约130万人。城乡问题的复杂性决定了仅靠地级行政中心城市是远远不能消化这些庞大的转移人口的。

表1：江苏省13地级市城市首位度比较（2002年）

单位：万人、%

城市	首位城市非农人口	该地区非农人口	首位度（%）	城市	首位城市非农人口	该地区非农人口	首位度（%）
南京	282.21	323.86	87.14	南通	53.83	257.76	20.88
苏州	117.06	265.76	44.05	徐州	112.05	240.71	46.55
无锡	126.57	182.77	69.25	连云港	52.15	120.67	43.21
常州	82.71	151.43	54.62	淮安	72.54	128.12	56.62
镇江	52.64	102.65	51.28	盐城	40.47	224.05	18.06
扬州	53.12	127.06	41.81	宿迁	23.22	140.54	16.52
泰州	30.37	125.21	24.26				

说明：为了数据趋于精确，笔者在统计首位度时，均用首位城市和该地区的非农人口数量。数据来源：《中国城市统计年鉴（2002）》，中国统计出版社2003年版。

市管县体制推动了城市化，也带来了另一个后果——广域型城市大量出现。县乡农民变成了"市民"，城市农业人口依旧占绝对比重，二、三产业的比重也低于农业。重庆市在升格为直辖市之前，管辖着11个市辖区和3个县级市及7个县，面积23114平方公里，人口1530万，其中非农业人口415万，城市化水平只有27.1%。升为直辖市后，划入万县、涪陵两个地级市和黔江地区，面积扩大到8.2万平方公里，总人口3002万，但城市化水平不及20%。当时曾有人说，重庆市是世界上最大的城市，这无疑是对我国城市化的讽刺。重庆市名为直辖市，实际上是一个典型的广域型政区。据2010年第六次人口普查资料显示，我国市镇人口约为66558万人，城市化水平（市镇人口占总人口的比重）达49.68%[①]，

① 中华人民共和国统计局：《2010年第六次全国人口普查主要数据公报（第1号）》，资料来源：http://www.stats.gov.cn/.

超出世界中等收入国家 48.1% 的平均水平①。但我国的数字统计包含大量市管县以及其它广域型城市的"市民"。以这种方式统计的数据与实际城市化水平有很大偏差，应当引起决策部门的高度重视。

显然，市管县体制下的城市化道路，是一种排斥市场机制的行政化道路。在此机制下，没有实力的市可能要维持庞大的行政架构；而有实力的县市虽然综合实力强劲，但只能处在市制之下，发展空间受限。

城市化是有成本的，据计算，每进入城市 1 人，需要个人支付成本 1.45 万元，公共支付成本 1.05 万元，平均每个农民转为城镇居民需要支付社会总成本 2.5 万元。②然而，在目前市管县体制下，地级市往往利用其行政优势，使地区资源大量向地级中心集聚，县市和乡镇的自我积累能力受到削弱，财富积累相对不足，城市化发展缺乏坚实的经济基础。

推动城市化必须进行市制创新，即在改变原有"市管县"体制下创设"县下辖市"模式，这也是我国台湾地区创设市制的成功做法。当前，在我国一些经济发达地区的中心镇，人口多、经济规模大，但囿于体制，只能屈从于乡镇建制，经济集聚效应大大下降，尤其在辽中南、长三角、闽三角和珠三角地区问题尤为突出。由镇变市实际上是切块设市的方法，符合城乡分治的原则。1987 年福建省从晋江县析出石狮、永宁、蚶江三镇和祥芝乡建石狮市就是这方面很好的例证。现在石狮市各项主要经济指标均比建市时增长

---

① 参见余芳东：《我国城市化率处在世界中等收入国家水平》，载《经济要参》2010 年第 18 期。

② 朱铁臻：《多元协调发展的城市化推进现代化》，载《城市评论》2003 年第 7 期。

30 倍以上，从 1993 年起连年跻身全国经济综合实力百强县（市）之列。可以说，这种设市方式对经济的推动和城市化的发展是非常明显的，应尽快成为我国城市化发展的一种选择模式。但目前问题是，一些镇设市后通常转为县级市，由地级市管辖，改变原有的县级区划，不仅使其经济实力降低，而且一些县（市）出于利益权衡不愿把经济好的镇分立出去。创设县辖市可以避免经济发达的镇从县中析出，有利于壮大县的经济实力而不是削弱，认可度会比较高。此外，城市化发展还伴有户籍、城乡二元结构等问题，这些也需要统筹考虑。

（四）核心型地区与市"吃"县、市"卡"县

核心型地区的特点是以周边地区经济相对较发达的中心城市带领一些经济基础薄弱的县，市县经济发展差距大、关联度低。这种类地区在我国市管县体制中占大多数，具有普遍性。在地区行署领导县时，中心城市和所在地区的辖县往往就资源和项目等相互争抢，国家工业化政策倾向于城市。实行市管县体制后，中心城市更是不失时机地利用其强势地位，截留省级下放的权力，下侵县级权益，县市发展受到抑制。有的甚至通过行政手段直接汲取所属县（市）的资源、占有县（市）的市场、甚至摊派各种负担。市管县体制下的垂直权力分配不均，实际造成"市吃县"、"市卡县"、"市刮县"和"市压县"的局面。如东部沿海地区经济较发达的福建省，除 9 个地级市外，中小城市发展相对滞后，县级市与县的数量之比是 14 ：45，县级市数量不仅与东部沿海兄弟省份有较大差距，[①] 同时也与其东部沿海发达省区的地位不相符。县级城市不仅数量少，

① "行政区划网" 2005 年数据：江苏、浙江、广东、山东、辽宁等省县级市与县之比分别为 27 ：25，22 ：36，23 ：44，31 ：60，17 ：27。

而且规模小，区域城镇化结构呈现规模差距，这给推进福建省的城市化带来诸多不利因素。同时，市管县体制往往由原来的市带县、工农互补异变成重工抑农、厚工薄农。一些地区"三农"问题严重，不能不说与其有一定关系。

以农业与非农部门和农村与城市之间财政净值变化为例(见表3)，在实行市管县体制之前的 1980 年，流向农村地区的财政净值为正 308 亿元，而在实行市管县体制后，其数值即变为负数，且有增大趋势。在国务院作出扩大推进市管县体制改革的 1999 年负值仍达 1169 亿元。2006 年，国家取消农业税（当年国家财政收入中仍包含 45.25 亿元的农业税），农民纳税额有所降低，但由于同期乡镇企业纳税增长速度远远高于政府对农村支出，以致流向农业的财政净值虽有所增长，但总体来看，农村地区流出的财政净值每年仍高达数千亿元。

表3：农业与非农部门和农村与城市之间财政流动情况

单位：10 亿元，2006 年价格

年份	农民纳税	乡镇企业纳税	政府对农村支出	流向农业的财政净值	流向农村地区的财政净值
1980	10.8	10.0	51.7	40.8	+30.8
1985	13.9	45.3	46.4	32.5	-12.8
1990	17.5	78.1	58.2	40.7	-37.5
1995	30.3	156.6	59.1	28.9	-127.7
1999	42.4	178.9	104.4	62.0	-116.9
2000	46.5	—	123.2	76.7	—
2005	93.6	—	245.0	151.4	—
2006	108.4	580.0	317.3	208.9	-371.1

说明：流向农村地区的财政净值 =C-（A+B），其中 A= 农民纳税（农业税、畜牧税、耕地税、农业特产税和契税，不含费），B= 乡镇企业纳税，C= 政府对农村的支出，流向农业的财政净值 =C-A。资源来源：《中国统计年鉴》、《中国农业年鉴》、《中国乡镇企业年鉴》等。

（五）匀质型地区与市管县体制功能

匀质型地区的主要特点是中心城市和其所辖县（市）有相似经济实力，各县（市）工业发展、农村工业化都有较好基础。苏南的苏锡常、胶东的青威烟等都是典型的匀质型地区。1983 年实行的市管县体制大大地促进了该地区工业化、城市化和区域经济的发展。推行市管县体制之初，苏南地区只有一个县级市（常熟市），到 1986 年后，苏南地区陆续撤县建市，已无县，市管县变成了"市管市"，严格意义上的市管县体制已不存在。由于市管市在我国宪法中找不到合法依据，这些县级市原则上均由地级市代管。从表 4 可以看出，上述 10 市（2002 年武进市被划为常州市辖区），无论是人口还是经济发展水平都已具备一个中等城市的规模，从钱纳里"城市化和工业化率发展模型"来看（见表 5），对照各市的工业化率，其城市化水平应在 65% 以上。然而表中所反映的数据与苏南经济发展程度极不相称。武进市的工业化率已达 54.67%，而城市化率仅有 17.39%；城市化率最高的昆山市也不足 50%。虽然该地区的城市化与工业发展模式有一定关系，但"市管市"体制不能不说是制约其发展的一个重要因素。从行政管理和经济发展的角度看，"市管市"行政管理体制与苏南市场经济体制发育程度和国际上通行的大都市圈发展模式明显相悖。

表 4：2001 年苏、锡、常地区 10 县级市社会经济发展状况数据统计

人口：万人　产值：亿元

城市	总人口	非农人口	GDP	工业产值	工业化率（%）	城市化率（%）
江阴	115.39	26.99	365.03	205.05	56.17	23.39
宜兴	107.44	29.21	199.92	106.62	53.33	27.19
溧阳	78.59	33.35	91.10	35.01	38.43	42.44
金坛	54.39	14.66	72.80	29.70	40.80	26.95
武进	119.07	20.71	260.64	142.49	54.67	17.39
常熟	103.76	44.48	303.00	150.94	49.82	42.87
张家港	85.36	34.81	306.84	171.27	55.82	40.78
昆山	60.03	29.97	230.81	128.45	55.65	49.93
吴江	77.03	21.64	203.37	102.38	50.34	28.09
太仓	44.89	17.80	157.98	77.56	49.09	39.65

数据来源：《江苏统计年鉴（2002）》。说明：工业化率由于制造业的数据难以查到，在此用工业产值与 GDP 之比；城市化率用非农业人口与总人口之比。

表 5：钱纳里城市化和工业化率发展模型

人均 GDP（美元）	城市人口占总人口比重（%）	制造业增加值占 GDP 比重（%）
<100	12.8	12.5
200	22.0	14.9
300	43.9	25.1
400	49.0	27.6
500	52.7	29.4
800	60.1	33.1
1000	63.4	34.7
>1000	65.8	37.9

资料来源：钱纳里：发展模型 1950 — 1970 年。

对于市管县体制暴露出来的弊病，学界批评之声不断。许多学者认为，市管县体制助长了中心城市的无限扩张，农民土地被低偿甚至无偿侵占，失地农民多有不满，社会矛盾加剧。中心城市作用不明显，市县之间普遍存在利益冲突；在较发达地区，市县经济实力均衡，相互之间各自为政，造成重复建设和产业结构趋同，降低了经济发展的整体实力。① 这些观点很有针对性，不能不引起我们的重视。

（六）市管县（市）体制的法律困境

市管县最初称之为市领导县，没有法律依据。1954 年宪法对市领导县亦无明确规定，只是在第 53 条有"直辖市和较大的市分为区"的规定。1958 年，全国人大常委会发布的《关于直辖市和较大的市可以领导县、自治县的决定》，可以说这是市领导县最早依据。目前，市管县体制的合法依据主要源于 1978 和 1982 年宪法，1978 年宪法第 33 条、1982 年宪法第 30 条都有"直辖市和较大的市分为区、县，自治州分为县、自治县、市"的规定。直辖市辖县符合宪法之规定，然而地级市辖县合法性在哪里？问题关键在于较大的市是有限的，地级市不都是较大的市。

"较大的市"是我国政区制度的一个特色，也是计划经济体制的产物。它作为一个城市等级概念，其地位近于省会城市或特区城市。我国审批"较大的市"集中在 20 世纪 80 年代，1994 年以来没有批过新的"较大的市"。当初"较大的市"的评定尚无可操作的量化指标，只是笼统地依据城市区域影响力和发展前景等要素来确定。根据《城市规划法》之规定，市区和近郊区非农业人口在 50 万人以上的城市为大城市，按此规定，较大市的人口至少 50 万。在《立法法》出台以前，国务院先后 4 次批准 19 个城市为"较

---

① 刘君德等：《中外行政区划比较研究》，华东师范大学出版社 2002 年版，第 247—248 页。

大的市"。①2000 年九届人大三次会议通过的《立法法》第 63 条对
较大的市作了明确规定，省、自治区的人民政府所在地的市，经济
特区所在地的市和经国务院批准的较大的市。因此，我国目前广
义的"较大的市"有 49 个，其中省会城市 27 个、经济特区城市 4
个、其他城市有 18 个。也就是说，在目前 283 个地级市（2010 年
数据）中只有以上 49 个城市具备管县的法律依据。更令人不解的
是，在管县的地级市中，有 100 多个是市区非农人口不足 30 万人
的小城市，其中还有不少在 10 万人以下，如浙江省丽水市、福建
省宁德市、四川省眉山市、宁夏吴忠市等。② 像这些地级市辖县，
不仅仅是"小马拉大车"，更与宪法"较大的市分为区、县"之
规定相去甚远。

在市管县体制中，还涉及的一个法律问题是市领导自治县问
题。过去在市管县体制还没有普遍推广时很少有市管自治县，但随
着大量的地区被改为地级市后，原来由地区下辖的自治县变为由地
级市管辖。如 1982 年全国只有辽宁省阜新市领导 1 个自治县，而
到了 2001 年底，辖自治县的地级市达 29 个，管辖着 52 个自治县
（自治旗），加上重庆市管辖的 4 个自治县，市辖自治县达 56 个，
占全国 119 个自治县（自治旗）的 47%。③ 我国宪法对直辖市和较
大的市分为区、县之规定中不包括自治县，因此，市管自治县在宪
法上没有依据，与民族区域自治原则也不相符。

---

① 1984 年 10 月国务院批准唐山、大同、包头、大连、鞍山、抚顺、吉林、齐齐
哈尔、青岛、无锡、淮南、洛阳、重庆共 13 个市为较大的市；1988 年 3 月批准宁波市
为较大的市；1992 年 7 月批准淄博、邯郸、本溪市为较大的市；1993 年 4 月批准苏州、
徐州市为较大的市。其中，重庆于 1997 年 3 月升格为直辖市。
② 黄胜林：《市管县体制的法律挑战》，载《中国方域》2002 年第 5 期。
③ 黄胜林：《市管县体制的法律挑战》，载《中国方域》2002 年第 5 期。

市管市是市管县体制中的一个特例。宪法中只有市辖县而无市辖市之规定。市管市现象的出现缘于县级经济社会的快速发展，所辖时为县，后改为市。如珠江三角洲地区、苏南苏锡常地区都是典型的市管市模式。县变县级市按国务院规定是由省区直管，但在实践操作中却变为由地级市代管，[①]这样就造成了地方市制的等级划分，同时也造成地级市与县级市之间的矛盾，使其在财税分成、公共设施建设等方面相互纠缠。目前，随着县级市数量的增加，地级市管辖县级市越来越普遍，至 2001 年底，在 265 个地级市中有154 个代管县级市，占地级市总数的 58%，被代管的县级市有 310个，占县级市总数的 78.6%。

市辖市问题不仅存在于地级市中，在直辖市中也有这种情况。按宪法规定，直辖市可分为区、县，并没有辖市之义，但重庆直辖市的设立，除了撤销万县、涪陵两个地级市设为区外，仍然下辖 4个县级市，这就与我国宪法明显相悖。如把这 4 个县级市变为市辖区，又与重庆市这种特殊的广域型城市不相一致。而在北京、天津、上海三直辖市都不存在这种情况，都没有市下设市，而是按照市管县模式来设置和运行的。随着这些郊县经济实力和城市化水平的不断提高，改变县级建制的愿望越来越强烈。如不改市，就得选择撤县设区，进一步扩大都市范围。这种趋势与发达国家都市周围建立卫星城市的做法相比，显得很另类。

（七）多层级行政体制与地方财税制度改革

1994 年推行的分税制是我国政府间财政分配关系的重大变革，在促进地方财政建设方面起到了积极作用。但是，这种财税体制

---

① 河南省商丘市永城县改市时，文件明确规定由省直管，但实际上由商丘代管。

改革主要是财税在中央和省之间实行的分割，在地方政府间，尤其是在省—市—县之间如何分割并没有明确的法律规定。分税制框架下的地方财力构成是：地方税收入、增值税中的 25% 共享收入和中央对地方的税收返还。由于实行省—市—县多级行政体制，尤其是实行"市管县"体制，使得县级财政在财税的分割和返还上始终处于劣势地位，同时由于财事权不统一，县级财源匮乏、赤字严重等问题表现得尤为突出。有人说，"中央日子富过，省里日子好过，市里日子能过，县里日子难过，乡镇日子没法过"。此言虽有偏颇，但认同率很高。

多层级政府结构涉及政府间有效合理地划分事权和财源的问题，层级越多，政府间财政关系就越复杂，协调起来也就越困难。在目前行政体制下，由于政府层级多，加之政府职能转变和部门利益等其它因素的影响，造成大量地方政府职责模糊、事权财权不统一。职责划分和财事权的统一是分税制的前提和基础，只有科学准确地厘清政府间的职责，才能真正谈及财政收支的划分。由于层级多，地方政府间的责任和权限难以明晰化，如消防和预备役费用支出，在分税体制前属于省财政承担，1999 年下划到县区一级；教育经费的承担责任逐级下移，越往基层可支配的财力薄弱，尤其是义务教育，理应国家财政统筹，但基层却成了最主要承担者。[①] 目前，随着市管县体制范围的不断扩大，地级市层级的增设，阻断了省与县之间的直接联系，省级以下的财税分割和中央的转移支付变得十分混乱，县级财政尤其是乡镇财政地位难以得到确立。

目前，市管县体制对县级财政的影响主要表现在以下几个

---

① 李波：《论地方财政层级问题》，载《湖北财税》2002 年第 5 期。

方面：

其一，中央政府资金返还不能到位。根据分税制改革方案，中央集中了消费税和 75% 的增值税，不仅中央要以 1993 年为基数对地方进行返还，而且地方上的上一级财政还要逐级向下进行税收返还。从实际情况看，中央通过确定各地资金预留比例，较好地解决了这一问题，但是相当一部分地方财政采取与分税制改革方案不一致的做法，尤其是市级对县级。有的不确定预留比例，只是采取非规范化的借款办法，或者人为地压低这一资金比例，造成县级地方财政异常紧张，有的地方连"吃饭财政"也难副其名。

其二，县级税收受到市级侵害。随着工业化的发展，大量企业兴起，企业所得税和企业缴纳其他费用成了地方财政的重要收入。由于企业依据其行政隶属关系上缴税费，一些地级市利用其行政地位优势或借开发区等名义，随意改变地方企业的隶属关系，为己"培植"新的税源，致使县级财政受损。同时，一些地区市县相互之间事权不确定，县级承担大量事权，却没有财权作后盾，使得一些公共事务难以有效履行，造成职能缺位。

其三，转移支付受到市级截留。转移支付一般是通过垂直行政关系表现出来的资金流动形式，即从上一级财政流向下一级财政，实现上级对下级的补助。政府间转移支付的基本模式是"单一的自上而下纵向财政平衡"模式，除专项补助和特别补助可以越级进行外，一般采取"上下两级政府之间双向流动"的转移支付方式，形成中央对省、省对地（市）、地（市）对县三级转移支付体系。由于地级中间层级的存在，中央对下转移支付多了一个层次，截留转移支付资金的几率大大增加。

实行少层级的政府财政体制是改变我国地方分税制混乱和县级

财政困难局面的一条重要途径。层级少，便于中央和地方分税，地方与地方间的分税也易操作。取消地级市对县的领导，实行省—县（市）二级地方政府体制，就可以在省与县（市）之间分税，建立省县各有主体税种的地方财税体系，为各级财政提供稳定收入来源，使地方政府的事权与财权相统一，也使我国的分税制改革在省级以下得以真正施行。浙江省十多年来的省县之间财税体制，有效地促进了县域经济的发展，是很成功的实践。国外如美国、日本等国家都是实行中央与地方、地方与地方的三级财政体制，政府层级少，相互间事权划分明晰，财权相对独立等，值得我国财税体制改革参考借鉴。

二、凸显县域主体地位

强县扩权是对市管县体制的突破，是实行省直管县体制的必要准备。市场经济体制下行政区和经济区分化，工业化和城市化进程加快，对强县扩权、省直管县提出了强烈要求。从 2002 年起，浙江、安徽、湖北、河南、广东、江西、河北、辽宁等省先后开始了"强县扩权"的改革，把地级市的经济管理权直接下放给一些重点县，在经济管理方面形成了近似于"省管县"的格局。这对于弥补市管县体制缺陷，有效维护基层利益，减少行政层级，降低行政成本，消除城市虚化泛化现象，促进城市合理布局，统筹城乡发展，等等，都具有积极意义。

（一）弥补市管县体制缺陷

在计划经济体制下，行政区与经济区高度重合，区域经济呈封闭状态。市管县体制的实施，加快了中心城市的扩张和城市化进程，放大了经济区范围，但也形成了更大范围的行政区经济。市场经济体制确立后，市场竞争主体地位趋于平等，自由竞争取代了权力垄断，各种经济和社会组织渐渐习惯于按照市场规律想问题、办事情。行政区对经济区的约束被逐步打破，纵向延伸性经济逐步转向横向竞争性或合作性经济，一大批跨越行政区管辖的经济区纷纷涌现，有跨省的大区，如珠三角经济区①、长三角经济区、环渤海经济带、苏鲁豫皖淮海经济区等；也有跨县的小区，如江阴与一江之隔的靖江所形成的经济区②等。正是在市场和交通原则下，生产要素在相邻行政区次三分之一范围内自由流动，并形成新的商品交换关系，权力在经济社会发展中的作用进一步淡出。作为广域性的县级组织，为提升其竞争力，冲破市管县限制，寻求权力扩张，成为当前和今后一个时期体制创新的重要内容。市管县体制改革以后，市和县处于同一竞争层面，在空间格局上形成了一种平等竞争的局面，避免了多层次行政干预对于市场竞争关系的扭曲。而且实行省直管县后，县级财政留成比例增加了，实力增强了，可以使县级政

---

① 珠江三角洲经济区，建于 20 世纪 90 年代初期，简称"小珠"。鉴于珠三角的先发优势、地缘优势有所弱化，广东对珠三角的生产要素重新进行整合，包括土地资源、水资源，城市之间的交通、信息、污水处理以至文化体育设施等。2003 年 6 月，中央政府与香港特区政府签署《内地与香港关于建立更紧密经贸关系的安排》（CEPA）；10 月，与澳门特区政府签署《内地与澳门关于建立更紧密经贸关系的安排》。根据安排，CEPA 在 2004 年正式实施，促进粤港澳三方结成"大珠三角"。2004 年 6 月 1 日，由福建、江西、湖南、广东、广西、海南、四川、贵州、云南 9 个省区和香港、澳门 2 个特别行政区（简称"9 + 2"）在广州签订《泛珠三角区域合作框架协议》，正式启动"泛珠三角"合作机制。

② 江苏省江阴经济开发区靖江园区是无锡市下辖的江阴和泰州市下辖的靖江两市跨市跨江联合投资开发的省级经济技术开发区，地处靖江市南侧，总体规划面积 60 平方公里。2001 年 12 月，靖江、江阴两市主动打破行政区划界限，成立"沿江开发促进会"，在江北沿岸规划出占地 10 平方公里的"沿江新材料工业园"，达成了联动开发的具体意向。2002 年 4 月，两市又签署《口岸开放合作协议》，把靖江口岸纳入江阴口岸管理范围，以充分利用江阴已批准的口岸开放资源。2003 年 2 月 15 日，《关于建立江阴经济开发区靖江园区的协议》正式签署。园区按照"统一规划、分步实施、政府推动、市场运作、封闭运行、滚动开发"的原则进行，经济事务由江阴经济开发区负责，社会事务由靖江委托园区管理。

府集中更多财力来发展县域经济。

（二）维护基层组织和农民合法权益

城市经济和县域经济是两个完全不同的市场竞争主体，"市管县"体制是线形等级体制的延展，它使得中心城市利用其上位权力优势，将所属经济凌驾于县域经济之上。二十多年来的运行实践表明，由于市县经济发展差距大、关联度低，许多地级市将县视为附属行政组织，优先发展中心城市；随意改变税收征管范围和入库预算级次；违背产业政策，一味地要求县域经济发展从属于市区需要；有的通过截留指标、资金、争项目、财政提取和各种行政审批等侵占县（市）利益；有的通过行政手段直接汲取所属县（市）资源、占有县（市）市场、甚至增加各种负担。山东省某市是隶属于该地地级市的一个县级市，2004年财政收入达22.4亿元，但是只能留用6.5亿元，15.9亿被上一层级调拨。河南省某市2004年财政收入达5.80亿元，但可利用财力仅有1.60亿，3亿多元被地级市征用。为摆脱被"吃"厄运，该县离退休老干部反复信访、集访，要求摆脱市辖，由省直接管理。在苏北地区的徐淮盐连宿各市，类似问题也不同程度的存在。即便是在经济发达的苏南诸市，由于产业结构趋同，竞争十分激烈。地级市利用中心城市优势参与市场竞争，在财税征管和经济管理权上，钳制着县级市的发展，使其在竞争中处于不利地位。目前全国各地城乡差距拉大，"三农"问题突出，城乡资源流动和配置效率低，其原因可能很多，但笔者认为，垂直一体化的市管县体制所带来的重工抑农、厚工薄农的偏斜是导致城乡差距拉大的最主要原因。

市场经济不同于计划经济的一个重要特点就是存在着具有独立性的市场竞争主体。正是由于竞争，市场经济才能促使各个竞争主体降低成本、改善管理、提高质量、积极创新，达到提高经济效率和最优配置资源的目的。有效竞争必须建立在公平基础之上，县级与地级市之间在经济上必须是平等竞争关系，而不应是管理与被管理的从属关系。

案例参考

河南永城的"奋斗"

2004 年 5 月 22 日，河南省政府印发了《关于扩大部分县（市）管理权限的意见》，永城、巩义、邓州、项城、固始 5 个县（市）被赋予相当于省辖市的权限，包括：计划直接上报、财政直接结算、经费直接划拨、项目直接审批、用地直接报批、证照直接发放、统计直接报送、政策直接享有、信息直接获得等。

但让永城人不能接受的是，在这个文件中，永城成了扩权县的"另类"，"财政直接结算"条款规定，巩义、项城、固始、邓州等 4 县（市）财政"实行与省财政直接结算"。4 县（市）"新增财政收入"这一块儿，除了中央和省级分成外，"原则上全部留归县（市）"。永城市与商丘市之间的财政体制另行确定。

后来财政厅就永城与商丘之间的财政收入分配问题下发了文件。文件中说，永城市区域内财政收入除中央和省级分成外，商丘市与永城市按下述办法划分：神火集团企业所得税和神火集团、永城煤矿集团、裕东电厂教育附加费全部作为商丘市收入；神火集团、裕东电厂增值税、营业税和裕东电厂企业所得税，商丘市与永城市7∶3分成；永城煤矿集团增值税、营业税和神火煤电公司（上市公司）股息分红缴纳的个人所得税，商丘市与永城市5∶5分成；除上述企业税收外，永城市区域内实现的其他收入（包括上述企业新设立的独资和合资企业）全部按属地原则留归永城市。

对于32号文的这一规定，永城市委、市政府的许多官员都没有料到，因为他们想了很多年的永城直辖却是这样的结局。事后他们才清楚，出现这样的结局是因为有商丘市对永城市的扩权提出了异议。

永城市有官员直言不讳地说，"32号文"中的"永城特例"，实际是河南省在此次"强县扩权"改革中与永城市的上级单位商丘市妥协的产物。说到底，是"商丘不愿意将永城划出去"。

永城期望脱离商丘管辖，划归省直管，早在20世纪90年代中期就开始了。1996年11月，永城"撤县建市"，1997年商丘撤区改市时，国务院在一份编号为国函〔1997〕46号的文件中又明文指出："原商丘地区的永城市由省直辖。"

"那是一次最有利的单列机会。"永城市一些官员表示，然而机会最终止步于一纸文件。河南省政府〔1996〕75号文确定，永城撤县建市后，"委托商丘地区行政公署（即今商丘市）代管"。

2004年，5个县成为扩权县，永城的财政与省直接结算被另行确定后，永城脱离商丘的呼声又开始高涨起来。

争取永城脱离商丘的行动也开始进行。朱嘉美曾连续担任过永城县两届县委书记，2004年6月，以他为首的26名退休处级干部联名写了《写给领导同志的一封信》，呼吁将永城从商丘"独立出去"，升格为省辖市。事实上，永城民间已有人自发向各方面反

映。一度，在永城民间还举行了一次要求永城省直辖的万人大签名
活动。

资料来源:《郑州晚报》2008 年 10 月 28 日，作者:张锡磊。
引用有删节。

(三) 促进行政运行成本降低

市领导县体制的突出问题之一，是省县之间增加了中间管理
层，延长了行政路线，加大了行政成本，降低了管理效率。尽管在
实行市管县之前省与县之间有一个中间层次地区行署，但仅是省级
派出机构，其权限范围、职能任务、机构设置和领导方法等方面，
与省辖市有明显区别。一般来说，地区行署对县的领导主要是党务
领导和行政督导，范围小、程度浅，具有简单化、虚化等特点;地
级市的领导除党务、行政外，还要管理大量经济事务，工作范围
宽、程度深，具有芜杂、务实等特点。在市管县体制下，省级对县
级的领导工作要经过地级市来转换，县级对省级的诉求又要通过地
级市来反映，市县成本大大提高。不少县委书记反映，实行市管县
体制后，市里的机构增多了，工作人员增多了，对县里的领导越来
越实了，仅各种检查就应接不暇。据某县统计，市四套班子及所属
部委每年到县里的检查指导就有几千人次。少数规模小的市，由于
只管一两个县，上面的检查频率更高，接待任务更重。成本增高的
另一个原因是文山会海。一方面中央和省里的文件直接发到县团
级，另一方面地级市为贯彻落实文件又常常以文件的形式强调贯彻
落实。某县一年中共收到各种文件 470 多个，其中 70 ％来自地级
市。会议问题也是如此，省里的许多会议都是开到县一级，但会后
地级市一般还要再召集各县区重复开会，造成人力物力财力的巨大
浪费。省直管县后，县级政府将享有同原地级市一样的管理权限，

可直接决定过去需要由市批准的事项。同时又减少了管理层次，有
助于行政效率的提高。

（四）推动组织结构扁平化

建立以"地方为主"的、少层次大幅度的扁平化组织结构是信
息社会的必然选择。信息技术拉动了体制创新，无论是企业组织、
社会组织，还是政治组织、军事组织，都在充分利用现代信息技术
减少中间层次，加快扁平化、网络化进程，提高组织的回应力和创
造力，演绎着"快鱼吃慢鱼"的时代图景。扁平化组织结构的价值
在于：（1）层次少，信息传递速度快，决策层能够迅速处理和利用
信息，及时采取纠偏措施；（2）信息传递层次少，信息失落失真的
可能性较小，有利于公共政策的制定和实施，有利于国家政令的统
一，有利于提高行政效能；（3）行政层级少，基层权力相应增大，
有利于一级政权的事权统一，有利于基层政权根据情势变化因地因
事制宜，增强基层政府的敏捷性和回应性，提高服务效率和效益。

在瞬息万变的信息社会条件下，政府如果依然按照传统社会的
理念管理和服务社会组织，必然成为缺乏回应力的"政治蜗牛"。
目前我国仍然是行政层级最多的国家。根据目前世界上 191 个国家
和地区的初步统计，地方行政层次多为二、三级，约占 67%。超过
三级的只有 21 个国家，占 11%。如印度，实行邦—县—区三级制；
美国国土面积与我国相近，实行州——市二级制与州——县——镇
三级共存制；日本是一个有 1 亿多人口的大国，也只有都、道、府、
县与市、町、村二级制。在我国历史上，秦至民国末 2100 多年中，
290 年为二级制，占 13.6%；610 年为虚三级制，占 28.7%；600 年
为实三级制，占 28.2%；276 年为三、四级并存制，占 13.0%；350
年为多级制，占 16.5%。可见，我国目前事实上存在的五级制，既

不适应信息时代的要求，亦非历史的承继，更非国际经验的借鉴（国外层级结构模式详见第五章）。

实施强县扩权、市管县体制改革，将突破现有政府层级架构，恢复地级市地域性特征，减少部分中间层次，拉近政府与公民、企业和社会组织的距离，使政府成为更加贴近民众的"零距离"政府。这对于加强省级政府宏观调控能力，提高强县（市）行政效能，渐进推行"省管县"体制，具有重要意义。

（五）消除城市的虚化泛化

更具意义的是，强县扩权将中央和省级政权所授权力直接"还"给县(市)，使县(市)享有的权力更大，发展政策更符合县域实际，发展空间也更广阔，"城市化"不再是行政推动或人为制造出来的泛概念。

某地改市之后，老百姓形象地说"市不像市，县不像县；白天停水，晚上停电"。市管县体制带来的城市虚化后果不应低估，一方面使我国的城市化水平被高估，掩盖了亟待解决的矛盾和问题；另一方面，又使一些经济社会基础较好或发展速度较快、发展质量较高的"县城"城市化水平被低估。城市化水平被过高评估的地区，加剧城市发展的非均衡化，进一步拉大城区之间的发展差距，导致相对贫困或绝对贫困城区的出现。而被低估的地区，则享受不到同等发展水平下城市所应享有的各种政策资源，加剧其与主管市之间的矛盾和不协调性。

对发展县域社会而言，强县扩权是一个相辅相成的概念。只有扩权才能为进一步强县拓展新的空间，而只有强县才需要进一步扩权。一些经济社会发展水不高的县，尤其是地处西部偏远地区或山区的县，当前更需要的是中心城市的拉动和扶持，强行跟风放权，并无太大实际意义。因而，强县扩权改革是一个循序渐进的过程，是伴随县域经济及其社会整体水平的提高而不断扩权、不断发展的过程。针对县级区域的不同发展状况，宜有所区别，分轻重缓急，分期分批下放。当然，改革目标的正当性，或理论上的可行性，并不完全保证改革过程的每一步都是正确的，事实上，它是一个不断试错、不断修正的过程。2007 年 11 月份，河南省发展与改革委员会发布了《河南省发展改革委关于取消若干扩权管理权限的通知》，取消或调整了 12 个特权项目，约占总特权项目的 20%。[①] 但这并不意味着一向积极倡导强县扩权改革的河南走了回头路。根据国家政策在不同时期的变化，该放的放，该收的收，做出相应调整，正是改革的一种积极态度。同时，扩权也不能重蹈"一放就散、一收就死"的老路，重要的是要伴随实践发展相机调整，挤出城市化发展中的"水分"，扎实提高城市化水平。

（六）城乡分治的普适性

分治和合治主要是从行政区划上来看的，即城市在国家发展中的作用是统摄性的还是城乡分设性的。在国外，不仅联邦制国家城市和乡村是不同的自治体，就是单一制国家如日本也是如此。德国和美国州以下的县、市是各自独立的自治实体，市从县分离出来后并不隶属于县，市也就更不会辖管县了。美国的城市化水平很高，但目前仍保留 3043 个县，分布于国土的绝大多数地方，实行富有乡村特色的自治政策。日本县作为广域型的一级政区，下辖市、町、村，二级政区之间无隶属关系，由本地公共事务各自成立的地方公共自治团体管辖。虽然市、町、村规模大小悬殊，如有的

---

① 李登攀：《河南"强县扩权"途中生变，发改委收回 12 项特权》，载《经济视点报》2008 年 3 月 5 日。

城市人口达几百万，有的小村庄人口仅数百人，但它们的法律地位却是相等的，只是履行职能不同而已。不过目前随着城市化水平的提高，市的数量在不断增加，町、村的数量逐步减少。

由于历史和国情差异，我国政区体系始终是"城乡合治"的广域型政区。20 世纪 30 年代，国民政府尝试引进西方"市制"模式，实行城乡分治政策，但由于特殊时期，地方自治名存实亡。随着中华人民共和国的诞生，社会主义制度的确立，我国全面借鉴苏联模式，重构了政区体制，市制虽然被保留，但已发生变化，重归传统的地域型政区管理模式，城市主要是作为国家统治、管理和控制地方的中心据点。[①] 在很长的一个时期，我国实行严格的城乡分离和城乡二元经济结构政策等，这在表面上看，好像是实行城乡分治政策，但实际上是一种以城市剥夺农村、工业剥夺农业和以城市为中心的地域合一的政区结构。在当时特殊环境下，这种政区体制为国家经济发展和国防安全作出了贡献，但在市场经济体制下，这种意义上的城乡合治政区模式已不为人们认可。

国外政区尤其是城市型政区呈现出从统一型和狭域型城市型政区向广域型政区转变的趋势，如日本东京大都市圈的设立和"广域市町村圈"制度的实行，就是逐渐扩大都市范围，将城市和乡村组合为一体；法国巴黎大区的组建、美国由单中心城市向多中心城市的转变等，也都呈现出城市和乡村相结合的城乡合治趋势。这种趋势是否与一个国家的经济发展水平、城市化发展阶段以及国情相适应，尚值得研究。

[①] 刘君德等著：《中外行政区划比较研究》，华东师范大学出版社 2002 年版，第 360 页。

（七）撬动城乡统筹的支点

改革开放三十多年来，我国城乡面貌发生了翻天覆地的变化。但是由于体制的制约，城乡差距在不断拉大，出现了"城市像欧洲，农村像非洲"的现象。县级政府是进行农村社会管理、提供农村公共产品、促进农村社会和谐的主导力量，担当着促进本县经济发展，缩小与城市差距的重任。然而，随着市管县体制的固化，县级组织在人权、事权、财权上的背离现象日趋严重。尤其是财权和事权的不对称性逐步扩大，县级政府不得不以有限财力承担无限责任。

20 多年来，县级政权的资源支配力一直在降低。以江苏为例，1999 年前江苏支农等各项支出费用基本高于城市维护支出，但 2000 年投资方向和投资重点发生变化后，城市维护支出开始明显增大，总量上超过了支农等各项支出费用。2001 年，江苏财政支出总量为 782.64 亿元，支农等各项支出 43.30 亿元，仅占总支出的 5.53%，比城市维护费 64.54 亿元还少 21.24 亿元。这种财政支出模式不仅不利于解决三农问题和城乡差距问题，反而会使之进一步恶化。

与城区相对，作为广域型政权，我国的 2000 多个县（市）占据了绝大部分的国土面积，拥有大多数的人口。强县扩权与市管县体制改革，事关"三农"问题的解决，事关消除城乡二元结构、统筹城乡发展的落实，事关建设社会主义新农村目标的实现，以强县扩权为支点，撬动城乡二元结构体制的制度困局，不失为一种好的选择。

一个"丙等县"的变迁

14 年前，城区不足 10 万人口的潜江市隶属于荆州市管辖，是辖内出名的弱县市，经济发展指标在全地级市所辖十三个县市中排名倒数几位，被笑称为"丙等县"。14 年后，2008 年 5 月，湖北省 2007 年十强县市区排名出炉，潜江位居第四，并成为湖北省第一个财政收入过 10 亿的县市。

1994 年是这座城市的分界点。这一年，潜江和天门、仙桃三市一起试行省直管体制试验，率先脱离了市一级行政主体的掣肘。

1. 行政提速

行政效率空前提高，是省直管后第一时间里感受到的最强烈的变化。1995 年时潜江市要增开几趟省内长途班车，没有去荆州市，而直接上报省交通厅。结果省里的批复当月就下来了。省直管以前，此项目须先报到荆州市交通局、再转经荆州市政府上报省里有关部门，这样等到上面批下来，要好几个月甚至半年多的时间。

正是由于上下直达反馈渠道的畅通，不出几年，潜江的交通规划及路网建设规模就开始超过周围的其他县市。在交通部指定了 8 个农村路网示范点，潜江在全国 2000 多个县中脱颖而出，在湖北独占一席。

地市级政权，一度被县市官员形象地比喻为行政"阑尾"：平时作用不一定很大，但出问题的时候可能疼得要命。这一级供着上百个处级单位和人员编制，是下面县市的好几倍，没有真正的决策权，"却有给你小鞋穿的权力"。

"这种直接迅捷的解决方式，在省直管以前是不可想象的。"现任潜江市人大常委会主任刘明刚表示。

2. 截留层的消失

37%——这是一位时任潜江市副市长专门计算出的省直管前财政拨款的平均截留比例。

款项截留，对于多级并存的政府结构来讲，是"预算之中的事情"，再正常不过。"中央拨付的项目款，经过省里抽取、地市截留，最后到县市基层就不多了。如果中间有腐败挪用的话，大量资金甚至根本到不了基层。"上述潜江市的人士表示。他称，有些不大的项目，中间层也要来干涉，收取的各种规费，大多用在了地级市的办公支出上。

省直管后潜江市财政负担的减少还包括以下方面：

一是没有了固定规费的缴纳。以前潜江每年要向地市上交各种规费达 6000 万到 8000 万之多，这些资金被官员戏称为"孝敬钱"。

二是少了一级领导的迎来送往。很多县市每年都有大量时间花在接待地级市官员的来访和检查上，这里面除了账面上的接待费用，更多的隐性支出很少有人能算得清。另一方面，大量的迎来送往也消耗了地方官员的主政精力。

三是中间的风险和寻租环节消失了。财政收支直接和省财政厅接轨，挤兑了中间环节的寻租空间。以往，中间环节的行政效率和各种不确定的行政风险，会直接影响到地方财政和经济发展。

截留层的消失，加上经济决策上的放权，使城市得以自谋税收大计，扶持做强地方企业。两种因素相叠加，使地方财政收入前所未有地充实起来。潜江市财政档案显示，直管前的 1993 年，其财政收入为 1.45 亿元，地方一般预算收入不到 2000 万。2007 年，潜江完成地域性财政收入 17.2 亿元，地方一般预算收入 3.85 亿元，分别是 14 年前的 11.8 倍和 19.3 倍。

3. 决策自主

潜江市张金镇，东郊 500 亩的土地上机器轰鸣。数月前，湖北齐力华盛铝业有限公司投资 3.5 亿元的新厂区竣工，有意在这里延续一个当年乡镇企业的传奇。

1995 年，华盛铝厂筹划动土兴厂之时，张金镇还只是潜江西南边陲的一个无人问津之地。现在，它已经是多年的"湖北乡镇企业十强乡镇"。2006 年，全镇实现地区生产总值 20.2 亿元，人均 GDP 达到 2.98 万元。

当年华盛铝厂初建时，急需一大笔资金，对一般而言乡镇企业很不容易申请到大宗银行贷款。当时潜江由省直管后，大量决策权已经下放到市里，其中包括限额审批与协同申报乡镇企业贷款的职权。经过市政府的直接沟通和协调，银行和省里高层亲自下来考察，大家在镇上拍板表态，一定要解决企业发展资金问题。后来，这个铝厂为该镇的经济发展定下了基调。2002 年，张金镇被国务院体改办确定为"全国小城镇综合改革试点镇"。在直管市产业经济"大跃进"的时代，张金的崛起只是其中一个缩影。

资料来源：《省管县？湖北三市先行 14 年回顾》，载《21 世纪经济报道》。

垂直权力分合

省直管县体制研究

第四章　垂直权力调整的现实生态

减少层次、强县扩权，优化垂直权力配置，实行省直接管理县（市）的行政管理体制，不仅具有必要性，而且具有可行性。本章拟从经济基础变化、区域经济关系变化、通讯技术发展、试点积累经验和理论舆论准备等方面，对其作一分析。

一、市场经济体制的前提条件

市管县体制实行于计划经济时期。计划经济体制以政府垄断为特征，政企、政事、政社合一，政府以"全能"理念、"保姆"角色包揽社会事务，下达经济计划指标，分配生产资料和生活资料，职能范围无限膨胀，工作负荷不断增大。在此体制下，省级政府直接管理几十个甚至上百个县，无疑会顾此失彼，鞭长莫及，常常是不该管的管了，该管的没管好，缺位、越位、错位现象成为社会常态。为确保经济社会健康发展、有序运行，政府不得不增加层次、缩小管理幅度减轻部门的管理负荷。

市场经济体制的确立，打破了计划经济体制的桎梏。政府主导型的资源配置权逐步被分离，并由市场取而代之，市场机制在资源配置中的基础性作用被固化。政府按照"凡是适宜于市场和下面办的事情，统统下放"的指导原则，着力转变职能，改革审批制度，调整权力关系，把计划经济体制下不该管的和管不好的逐步交还给市场，并在实现自身解放的同时，把精力集中于做好经济调节、市场监管、社会管理和公共服务上。市场、社会和公民优先成为体制运行的基本法则，自上而下直接控制经济的行政体系逐步失去功能。较过去相比，扩大省级政府管理幅度有了重要的体制保证和运行基础。同时，遵照自由、公平和效率的市场经济法则，政策制定必须符合区域经济发展的灵活需求，而非传承市级政权的意志。

当前，我国市场经济体制的发育和完善程度，能否支撑分权放权的强县扩权、省直管县体制呢？理论上，国际上一般认为，市场化程度在15%以下为非市场经济或计划经济；20%—40%为初步转轨经济；40%—50%为转轨中经济；50%—60%为接近准市场经济或转轨后期经济；60%—70%为准市场经济；70%—80%为相对或基本成熟的市场经济（见表1）。

表1：判断市场经济国家标准表

市场化程度	判 定	市场化程度	判 定
15% 以下	非市场经济或计划经济	50%—60%	接近准市场经济或转轨后期经济
20%—40%	初步转轨经济	60%—70%	准市场经济
40%—50%	转轨中经济	70%—80%	相对或基本成熟的市场经济

根据《2003 中国市场经济发展报告》分析，2001 年中国经济

市场化程度已达到 69%，在国际上处于中等偏上水平，以表 1 标准判断，中国已成为市场经济国家。该报告对中国 2010 年经济市场化程度作了高、中、低预测，高位预测超过 80%，中国将成为标准的或成熟的市场经济国家；中位预测为 2010 年将达到 70%—75%，中国将成为相对成熟的或较完善的市场经济国家；低位预测为 2010 年将达到 65%，中国将成为准市场经济国家或接近于相对成熟的市场经济国家。《2008 中国市场经济发展报告》是继《2003 中国市场经济发展报告》和《2005 中国市场经济发展报告》之后的一部延续性的报告，它继续揭示中国经济市场化的新进展，并运用可比的指数测度体系及方法，得出了 2004 年、2005 年和 2006 年中国经济市场化指数分别达到 73.3%、78.3% 和 77.7% 的结论，再次证明了中国已经是发展中的市场经济国家，且市场化程度高位趋稳。

另据弗拉瑟研究所《世界经济自由：2007 年度报告》的分析，中国 2007 年度的经济自由度指数为 6.3。在该报告中，各国的经济自由度均为介于 0—10 之间的数字。一般来说，7.5 分以上是典型成熟的自由经济，6.5—7.49 分属于比较自由的市场经济，6.0 分是通向经济自由的临界分数，而介于 6.0—6.49 分的国家可称为发展中的市场经济。由此可见，截至 2007 年，中国已经在较大程度上超过了自由市场经济的临界状态，属于自由度较高的"发展中的市场经济国家"。[①]当然，该研究所对中国市场化程度的判断低于《2003 中国市场经济发展报告》和《2008 中国市场经济发展报告》中的

---

① 韩士专：《中国市场化程度的判断与预测》，载《统计与信息论坛》2008 年第 9 期。

分析数值，因此，我们对 2010 年中国经济市场化程度的剖析①，不是仅用高位预测的数据，而是结合参考低位预测的数据。总的来看，无论是 2006 年的 77.7% 的市场化程度，还是 2010 年的预测，中国都已经形成相对成熟的市场经济体制。这一体制的完善，预示着企业、公民和各种社会组织自我管理、自我服务的功能大大增强，政府直接管理经济社会事务的领域在逐步缩小，以行政手段强制行政区与经济区保持统一的格局将被打破。可以说，这是目前我国推行强县扩权、省直管县(市)体制改革的重要基础和前提条件。

二、区域经济关系的内生动力

行政区是国家为推行政务、管理社会事务划分的地方区域。经济区是以城市为中心，依据经济发展的内在联系，在城市与城市之间形成的区域网络。前者是行政权力干预的结果，后者是商品交换过程中自发形成的产物，二者在不同的政治经济条件下形成不同格局。

在行政原则下，行政区与经济区相一致，行政流程自上而下，即处于较高行政中心地的组织对周围次级中心地提供服务，下级和各种社会经济组织只能被动地传承上级政府的旨意，行政区内的经济结构、社会结构、文化结构呈现封闭状态。

在市场原则下，较高一级中心地除供应它本身外，还要供应其次一级中心地三分之一的区域，形成了与行政区范围明显不一致的交叉状况，并进而形成经济区与行政区的不一致。行政区与经济区关系的改变，说明在市场经济条件下政治和经济作为两个相对独立系统在按照各自规律运行，政治因素由经济活动的内在依据转变为外部条

---

① 关于 2010 年中国经济市场化程度尚未有相关统计数值，所以我们仍然采用的是当时预测数据。

件。由此可见，平行间的横向经济联合会逐渐取代纵向的权力传承，形成自由分散的经济网络。

在江苏长江两岸，隶属无锡、经济发展迅速的江阴已跨出行政边界，冲破行政樊篱，进入隶属于泰州、经济相对落后的靖江市建设工业园区，并取得显著经济社会效益。在这种体制下，行政区域的经济结构、社会结构、文化结构受到冲击，按照市管县模式建立的行政隶属关系在经济上开始淡化，特别是在经济发达的匀质型地区，以行政权力扭合在一起的"带"与"管"模式，已不可能再按照纵向权力关系有效运行。因此，推行以"地方为主"的强县扩权体制并非集分权的循环，而是经济社会发展规律的内在需求。

从激发市场和行政活力来看，遵循市场经济规律，突破行政区划界限，形成若干带动力强、联系紧密的经济圈和经济带，将成为未来改革发展的重要取向。可以预见，未来靖江工业园区的发展，不仅具有光明前景，而且还会出现更多跨区域的经济园区以及区域更为广泛的经济圈、经济带。从实施区域发展总体战略上看，也有利于省一级政府撇开市级利益的"钳制"，通盘考虑全省经济社会发展布局，为强县扩权创造有利环境。

三、通讯与交通条件的保障

国民经济和社会发展的信息化，不仅为强县扩权、省直管县改革提供了现代科技手段和运行环境，更对改革提出了迫切要求。政府不仅要加快转变职能，而且要"融入社会"，贴近群众。在现代网络社会，传统的政府管理方式和手段多有落伍，公众越来越渴望通过扁平化甚至网络化政府获取"面对面"的"自助式服务"。某种意义上说，信息时代的管理意味着更加便捷的服务。

当前，以计算机和网络通信技术为基础的电子政务，是适应信息化要求而产生的一种政府运行模式。它以提高行政绩效、改善决策质量和提升公共环境为目标，将政府信息发布、管理、服务、沟通等功能向国际互联网上"迁移"。同时也提供了结合政府管理流程再造，构建和优化政府内部管理系统、决策支持系统、办公自动化系统，为政府信息管理、服务水平的提高提供了强大的技术和咨询支持。它必将带来机构设置、行政模式、服务方式、思维方式和行为方式、人员编制等诸多方面的变化，迫使传统行政模式逐步退出历史舞台。目前，全国各地政务处理电子化、政府采购电子化、社会保障服务电子化、政府决策支持电子化，电子政务逐步普及。上下级政府之间以及政府职能部门之间的网络沟通初具规模，日趋完备。政府内部可以通过网络沟通和信息共享，促使行政绩效改善和提高。在政府信息化条件下传统行政管理方式发生的重大变化，为政府减少层次、扩大管理幅度提供了有力的技术支持。

便捷的交通大大地缩短了省与县在时间、空间和心理上的距离。目前，江苏陆路交通十分发达，至 2008 年，"四纵四横四联"高速公路网络主骨架基本形成，全程达 3500 多公里。在铁路方面，除原有京沪、陇海、宁铜三条近 1000 公里的干线外，还有国家新建的 636 公里长的一级铁路纵贯省境南北，连接 21 个县、市、区。在长江天堑上，除原有的南京长江大桥外，还建成了南京长江二桥、南京长江三桥、南京长江四桥、江阴大桥、润扬大桥和苏通大桥，泰州大桥、崇启大桥也将陆续建成开通。便利的陆路交通使江苏的每一个地方与省会南京间都可以在一天之内往返，实现真正意义上的"千里江苏一日还"。

这些变化，不仅有利于从形式上摒弃传统行政管理弊端，而且从内容和性质上有利于推进行政管理模式的创新，即推动行政管理模式向网络化、扁平化的方向发展；向现代化、知识化的方向发展；向民主化、公众化的方向发展；向动态化、灵活化的方向发展。

四、部分省份试点的实践经验

近年来，市管县体制对县域经济发展的束缚，陆续引起许多省份的关注。围绕强县扩权问题，浙江、山东、广东、湖北、湖南、河南、河北、吉林、黑龙江等省率先做出了尝试。他们按照放权放手原则，抓住扩大县（市）经济社会管理权限这一关键，大力推进体制创新，为增强县域经济整体实力、加快县域经济发展不断营造宽松的政策环境（部分省份的详细案例分析参见本书第六章）。

1983 年以来，浙江省一直实施"省直管县"财政体制，确保了县级事权财权的统一，有力地促进了县域经济的发展，形成了"三分天下有其一"的百强县格局。除了"票子"在分税制改革时一直沿袭原有体制外，县（市）的"帽子"也在省里。这样，财政、人事两项核心权力都不在市里，既管不了人又管不了物，"市管县"已没有实际意义。当然，实行这种体制，省、市、县三级也经过了多次反复，甚至市县之间还进行了一定的"斗争"。市级一方认为，浙江的地级市欠发达，缺少中心城市的吸引力和带动力，而县则据理力争，认为市应该靠本体来发展自己，不能靠"管"县来壮大。在这一博弈中，虽然杭州、宁波、台州、温州等一些市"吃"掉了萧山、余杭、鄞县、黄岩和欧海等县，但省对县的放权步伐并未减缓，1992 年、1997 年、2002 年三次出台县级扩权政策，将 313 项审批权下放给绍兴县、温岭市、慈溪市等 17 个经济强县（市），几乎囊括了省市两级政府经济管理权限的所有方面，涵盖计划、经贸、外经贸、国土资源、交通、建设等 12 大类，并将省一级的审批事项从 2500 多项削减到 800 多项。

山东省于 2003 年 12 月出台了《中共山东省委山东省人民政府关于加快县域经济发展的意见》，列出了 30 个经济强县和 30 个经济欠发达县，分别采取不同的扩权政策，赋予更大的发展自主权和分配自主权，对强县和弱县如何扩权进行了有益探索。山东省还大力发展直接融资，积极扶持第一梯度县域强县做大做强企业，推动一批企业上市，为企业开辟了一条低成本、高效率的筹集境内外资金的新渠道，从而改变县域企业过度依赖银行信贷资金的单一融资方式，提高了核心竞争力。截至 2008 年 8 月，山东省 30 个经济强县中，15 个县拥有 26 家上市公司，占山东省的 19.7%，共融资 343.6 亿元，占山东省的 29.4%，成为该省经济中最具活力也是最重要的组成部分。①

参照浙江经验，湖北省确定了首批 20 个县（市）实行"扩权"，鄂办文〔2004〕13 号详细列出了 239 项扩权项目，涉及 23 个政府部门。同时，湖北省还在全省 52 个县市推行省管县（市）财政管理体制，对 68 个县（市）（含 7 个县改区和神农架林区）分税制财政体制下省集中的增量部分全额返还县（市），支持县城经济发展和乡镇综合配套改革。同时，他们还摸索出经济性分权与行政性分权必须匹配的宝贵经验。仙桃、潜江、天门、随州 4 个县级市由省直管后，经济发展速度明显加快，国内生产总值年均增长率高达 27.96%，高出包括武汉、黄石、襄樊等大中城市在内的全省平均速度很多，后者平均速度只有 14.33%。

河南省于 2004 年 5 月 19 日下发了《河南省人民政府关于扩大

---

① 《实现安徽县域经济跨越式发展对策建议》，资料来源：安徽省商务厅网站，http://www.ahbofcom.gov.cn.

部分县（市）管理权限的意见》，分两个层次选择 35 个县（市）扩大管理权限，其中第一层次 5 个县（市）享有 80 项扩权，被赋予相当于省辖市的权限包括了计划直接上报、财政直接结算（永城除外）、经费直接划拨、项目直接审批、用地直接报批、证照直接发放、统计直接报送、政策直接享有、信息直接获得等。第二层次的 30 个县（市）享有 71 项扩权，在分层、适时扩权上创出了特色。在扩权改革中，虽然所属省辖市的行政权力本身并没有缩小，仅仅是其管理的范围有了收缩，并且与浙江不同，作为行政权力的核心——人事任免权仍旧牢牢掌握在所属省辖市手中。此外，行政管理权、行政区划、统计方式，等等都没有改变。但作为国内第一人口大省，又是中部省份，河南强县扩权对中西部更广多省份具有更多的启示意义。总体来看，河南的强县扩权更多的是一种平衡与妥协的产物，一方面显示出改革的不彻底性；另一方面，也正因为这样，河南的强县扩权没有遭到地级市的反对，由于地级市因强县扩权所受到的短期经济损失，将得到省政府的补偿，强县扩权甚至得到了众多地级市的大力拥护。这种探索也为进一步改革过程中平衡市县利益，在保持稳定和发展中逐步弱化市管县直至实行省直管县体制积累了经验。

广东省为激发县域经济发展动力和发展活力，自 2004 年开始，在财政上建立起"确定基数，超增分成，挂钩奖罚，鼓励先进"的激励机制，保持 4 年不变，增强了县级发展的主动性。实行这一机制，其实质在于将省财政转移支付与县域经济的财政发展挂钩，把保障基本需要与激励发展动力结合起来，把促进经济发展与财政增收结合起来，实现了省、市、县三级利益共赢。在这种机制下，县域只有经济发展快，财政增收多，才能得到较多转移支付补助；反之，就将少得甚至被扣减转移支付。与原有一般性转移支付制度相比，新的机制明显增强了对经济发展的激励作用，打破了广东过去全省吃"大锅饭"的财政体制，改变了过去县域经济发展快慢好坏一个样，转移支付照拿的局面，充分体现了"水涨船高，奖励先进，鞭策后进"的激励效果。

为进一步增强县域经济活力，广东还将改革的思维贯彻到了镇（乡）一级。为帮助缓解县所属镇（乡）财政困难，缩小区域间财力差距，在激励型财政机制的基础上，2005 年出台了《关于帮助县（市）解决镇（乡）财政困难的意见》，作为激励型财政机制的配套措施，在激励县域经济财政加快发展的同时，进一步加强对县镇（乡）财政的保障和约束，提高基层政权和组织运转的财力保障水平。2005 年至 2007 年，省财政每年安排 1 亿元，奖励对所属县（区）镇（乡）实行财力性转移支付的东西两翼和粤北山区的市本级，帮助解决该地区近 100 个县（区）的财政困难。同期，省财政还每年安排 3 亿元，对东西两翼和粤北山区市县及恩平市近 1000个财力薄弱镇（乡），按每个年 30 万元的标准实行补助，帮助县（市）解决镇（乡）财政困难，提高镇（乡）财政保障水平。

在强县扩权上实行"重心下移"，把 214 项行政管理审批权下放到所有县（市）。在人事权力的调整上，提拔 50 岁以上且担任现职满 5 年以上的优秀县委书记享受副厅级待遇，并继续在本地任职，稳定了改革过程中的干部队伍。人事、行政、财政三管齐下，让广东的县域经济社会有了更大的发展动力，各县纷纷主动出击，寻找各自的经济增长点。2006 年，全省 67 个县（市）实现生产总值 4664.5 亿元，比 2001 年增长 70.2%，年均增长 11.2%；县域生产总值占全省生产总值的比重达 18%；规模以上工业增加值 1001.7 亿元，比 2005 年增长 27.5%，比全省高出 9.2 个百分点；财政一般预算收入 150.56 亿元，比 2005 年增长 25.3%，比全省高出 4.9 个百分点。16 个扶贫开发重点县（市）和 48 个山区县（市）地方一般预算收入分别增长 34.3% 和 21.9%，均高于全省 20.45% 的平均增速。67 个县（市）中，生产总值突破 100 亿元的有 15 个，一般预算收入超亿元的县（市）从 2001 年的 29 个增加到 54 个，平均每县（市）一般预算收入从 1.2 亿元增加到 2006 年的 2.2 亿元。县域工业化水平(工业增加值占生产总值比重）由 2001 年的 34% 提高到了 40%。

改革是一个步步试错的过程，全国十多个省份的尝试，为整体推进强县扩权、省直管县改革，积累了宝贵经验。

五、理论研究成果的支持

社会的发展和进步不仅需要实践的积累，更需要理论的指导。理论探索对于社会发展的推动作用不能忽视。没有理论的指导，一些改革可能会在黑暗中摸索多年，甚至走上弯路、歧路。

表 4：中国理论界文献检索统计表

数据库名称	收录时间	检索词	检索方式（篇数）			
			篇名	关键词	全文	主题
中国知网（www.cnki.net）	1979.1—2011.6	强县扩权	164	68	2137	297
	1979.1—2011.6	扩权强县	229	44	3859	375
	1979.1—2011.6	省管县	460	242	4976	721
	1979.1—2011.6	省直管县	457	233	6833	753

说明：本检索为跨库检索，包含中国学术期刊数据库、中国优秀博硕学位论文数据库、中国重要报纸全文数据库和中国重要会议论文数据库。

笔者对社会各界关注强县扩权和省管县问题的研究，从理论界和新闻媒体两个维度进行了分析。理论界的研究成果，通过搜索中国知网获取（见表4），其中以"强县扩权"按"篇名、关键词、全文和主题词"检索，1979年1月至2011年6月间文献分别是164篇、68篇、2137篇和297篇；按"省管县"搜索的结果为364篇、128篇、250篇、3846篇和562篇；按"扩权强县"、"省直管县"、"省管县"等检索获取的文献数量也非常之多。同时，新闻媒体报道也密切关注相关问题，以"省直管县"为关键词的报道全文检索结果显示，2010—2011年之间的新闻报道数量是过去10年间年均报道数量的3—4倍，为改革创造了良好的舆论氛围（见表5）。这些研究成果和新闻媒体的报道引发了社会各界的广泛关注，不仅厘清了理论上的分歧和误区，而且为全面推进改革创造了良好的舆论氛围。

表5：中国重要报纸报道检索统计表

数据库名称	收录时间	检索词	检索方式（篇数）	
中国重要报纸全文数据库	2000.1—2009.12		篇名	全文
		强县扩权	69	401
		扩权强县	100	1256
		省管县	109	728
		省直管县	105	1172
	2010.1—2011.6		篇名	全文
		强县扩权	1	40
		扩权强县	16	340
		省管县	14	167
		省直管县	30	475

六、社会的广泛认可

地方上广大干部对市管县改革也表现出了极大的政治热情，普遍持欢迎和支持态度。从某省问卷调查统计结果来看（见表6），63.8%的人认为，市管县体制虽然在一定时期对经济发展起到了积极作用，但目前更多的是对县（市）利益的侵害和不必要的约束，已难以适应社会发展的新要求。被调查者中赞成维持市管县体制现状的仅有 32 人，占被调查总数的 6.4%；绝大多数主张扩权强县，改革现有的行政区划体制，而其中持恢复地区建制观点的仅有 24 人，占总人数的 4.8%，这说明地区建制已逐渐远离人们的视野。25% 的人认为，鉴于苏南经济的快速发展和县级市规模的扩大，以及苏中和苏北经济总量与苏南的差别，应当对苏南县（市）率先扩权，并且全部由省直管，苏中和苏北诸县（市）应该在扩权进程中由市管县和省管县混合体制逐渐过渡到省直管县体制。

表6：市管县体制改革问卷调查统计

单位：人、%

调研问题		维持现状	恢复地区建制	苏南省直管、苏中和苏北混合制	扩权与省直管
回答人数		32	24	125	319
所占百分比		6.4%	4.8%	25%	63.8%
被调查人分布	苏南	5	2	83	112
	苏中	11	9	20	93
	苏北	16	13	22	104
被调查人职级	≥处级	16	20	26	123
	科级	11	1	85	160
	一般人员	5	3	24	36

发展县域经济是解决"三农"问题的切入点。当前，我国一些较发达的县正处于经济转轨、社会转型、结构转换、观念转变的关键期，工业化城市化快速推进，利益关系的深入调整和广大群众独立性、自主性的增强，使得积累性矛盾和各种先发性、后发性问题相互交织。因此，急需扩大县的自主权，使其更加及时

有效地制定符合自身发展实际的政策，更好地维护和扩大群众利益。对县一级权力保留项目最多、时间最长，或者说强县扩权走在了全国前列的浙江，2007 年人均 GDP 高达 35730 元，高居全国各省之首，是一些省份的三倍甚至五倍；扩大权力与经济发展的正相关性体现得非常明显。当然，这种相关关系也在其他地区得到了不同程度地体现。例如，江苏在 2007 年试点实施省直接管理县（市）以来，原先"小马拉大车"的地区（参见本书第三章的相关内容）自主权扩大，县级地方政府财力有大幅度增加，经济也获得更快发展（见表 7），得到广大干部群众的认可。

表 7：苏北部分市县省管县后经济发展情况表[①]

市县		地方财政一般预算收入					地区生产总值				
		2003	2006	2009	2006 比 2003 增加	2009 比 2006 增加	2003	2006	2009	2006 比 2003 增加	2009 比 2006 增加
连云港	连云港市	34.13	33.96	90.21	-0.50%	165.65%	351.13	527.38	941.13	50.20%	78.45%
	赣榆县	3.02	4.00	11.71	32.53%	192.66%	61.78	91.82	182.44	48.62%	98.69%
	东海县	3.08	4.00	11.35	29.94%	183.53%	58.28	92.73	162.69	59.11%	75.44%
	灌云县	1.97	2.33	10.50	18.31%	350.61%	40.02	55.93	119.36	39.76%	113.41%
	灌南县	2.06	2.62	11.60	26.97%	343.53%	29.72	49.03	107.10	64.97%	118.44%

---

① 由于江苏 2007 年试点实施省直管县（市），故以 2006 年作为比较基点，向前后各推三年，与 2003 年和 2009 年作比较。

市县		地方财政一般预算收入					地区生产总值				
		2003	2006	2009	2006比2003增加	2009比2006增加	2003	2006	2009	2006比2003增加	2009比2006增加
淮安	淮安市	53.88	36.94	96.45	-31.44%	161.09%	420.64	651.06	1121.75	54.78%	72.30%
	涟水县	2.51	2.25	7.61	-10.36%	238.18%	52.59	74.07	133.97	40.84%	80.87%
	洪泽县	2.24	2.07	7.52	-7.40%	262.61%	25.63	48.89	89.86	90.75%	83.80%
	盱眙县	3.08	2.59	8.81	-16.04%	240.74%	58.85	74.52	129.10	26.63%	73.24%
	金湖县	2.73	1.82	5.50	-33.35%	202.32%	31.45	46.32	83.21	47.28%	79.64%
盐城	盐城市	56.79	48.84	126.83	-14.00%	159.68%	760.06	1174.26	1917.00	54.50%	63.25%
	响水县	2.04	2.24	6.80	9.60%	204.16%	29.47	54.13	104.56	83.68%	93.16%
	滨海县	3.0	3.12	9.03	4.10%	189.11%	56.74	93.30	159.60	64.43%	71.06%
	阜宁县	3.85	3.67	10.07	-4.65%	174.23%	73.05	100.03	166.46	36.93%	66.41%
	射阳县	5.9	4.67	10.01	-20.87%	114.38%	98.15	142.13	201.07	44.81%	41.47%
	建湖县	5.82	4.66	13.13	-19.90%	181.60%	81.22	118.73	200.50	46.18%	68.87%
	东台市	8.2	6.66	17.66	-18.77%	165.15%	135.08	194.73	313.63	44.16%	61.06%
	大丰市	6.31	5.01	13.29	-20.60%	165.23%	90.6	149.45	242.76	64.96%	62.44%

市县		地方财政一般预算收入					地区生产总值				
		2003	2006	2009	2006 比 2003 增加	2009 比 2006 增加	2003	2006	2009	2006 比 2003 增加	2009 比 2006 增加
扬州	扬州市	72.91	63.02	128.08	-13.57%	103.24%	647.22	1100.16	1856.39	69.98%	68.74%
	宝应县	4.83	4.52	9.74	-6.42%	115.52%	67.86	116.02	199.29	70.97%	71.77%
	仪征市	11.25	8.11	14.79	-27.92%	82.36%	72.41	130.10	227.29	79.67%	74.70%
	高邮市	5.56	4.70	10.29	-15.54%	119.11%	70.51	123.72	213.24	75.46%	72.36%
	江都市	11.19	9.16	19.38	-18.12%	111.55%	139.29	230.20	402.08	65.27%	74.67%

资料来源：江苏统计年鉴 2004、2007、2010。

垂直权力分合

省直管县体制研究

第五章 垂直权力调整的国际借鉴[①]

　　层级设置是组织体系的基本要素之一，决定垂直权力运行空间，影响运行效率。实现行政层级结构优化，是理顺垂直权力关系的重要途径。行政层级与国家结构形式[②]密切相关，内容上存在重合。联邦制和单一制在国家结构形式中更具代表性，故本章选取了 10 个联邦制国家和 10 个单一制国家[③]，旨在对这些国家的行政层级结构（其中亦涉及国土面积、人口等相关因素）加以深入分析。

---

　　① 本章有关数据在行政区划网（http://www.xzqh.org）、新华网（http://news.xinhuanet.com）、中华人民共和国外交部网（http://www.fmprc.gov.cn）以及相关国家政府网站资料基础上整理、归纳而成。

　　② 国家结构形式通常是指处理国家整体与局部之间、中央政府与地区政府之间关系的基本模式，也就是一个国家的各个部分以什么形式和模式整合为国家的问题（王惠岩：《政治学原理》，高等教育出版社 1999 年版）。在当今世界，国家结构形式可分为单一制和复合制，而复合制又可细分为联邦制和邦联制。

　　③ 本章选取 20 个国家作介绍，主要基于三点考虑：其一，过去的研究倚重于少数国家，而且对行政层级的描述很不一致。其二，本章在研究每个国家的行政层级时，采先描述后归纳，同时兼顾相关国家行政层级增减变化过程的分析。其三，在分析启示时，仅以前文描述为基础。

国内学者在研究国外时，多以美、英、德、法、日、意等国为样本，这是必要的，也是科学的，但也在一定程度上，限制了比较研究的视野。为了更广泛地研究借鉴国外行政层级，本章选取国土面积排名前 10 的国家①，分析其国土面积、综合实力、国际影响及与中国的相似性等，另外选择 11 个有比较意义的国家作对比，共计 20 个。

一、国外联邦制国家的层级结构

目前，世界上联邦制国家有 20 个左右，相对较少，但表现形态各异，且多为有影响力的大国。联邦制国家由若干地位平等的政治实体组成，联邦政府和州政府都有各自的宪法，联邦宪法规定联邦政府和州政府的权力。联邦政府并非唯一的中央政府，州政府亦不能简单地被视为地方政府，唯有州以下的分治区才被看作地方政府。

（一）俄罗斯

俄罗斯国土面积约 1708 万平方公里，人口数量约 1.43 亿（截至 2010 年 10 月），人口密度为 8.37 人／平方公里。俄罗斯联邦共由 89 个不同的行政分区组成，即 21 个自治共和国、6 个边疆区、49 个州、1 个自治州、2 个联邦直辖市（莫斯科和圣彼德堡）、10 个自治区。2000 年 5 月，普京以总统令形式将 89 个联邦主体划分为 7 个区，即中央区、西北区、南部区、伏尔加河沿岸区、乌拉尔区、西伯利亚区和远东区，在联邦中央与联邦主体之间增加了一个

---

① 世界国土面积排名前 10 位的国家依次是：俄罗斯、加拿大、中国、美国、巴西、澳大利亚、印度、阿根廷、哈萨克斯坦、苏丹（2011 年 7 月前）。

管理监督机构。从 2004 年起，俄罗斯联邦自治区进行了合并。^①合并后的联邦主体减少到 83 个，即 21 个自治共和国、9 个边疆区、46 个州、1 个自治州、2 个联邦直辖市和 4 个自治区。从行政层级看，七个联邦区属于第一级政区；自治共和国、边疆区、州、自治州、联邦直辖市属于第二级政区；民族自治区、县级、市镇属于第三级政区，其中，民族自治区具有联邦成员的地位，不同于其他第二级政区。概括地说，俄罗斯联邦的行政层级包括俄罗斯联邦——联邦区——自治共和国、边疆区、州、自治州、联邦直辖市——民族自治区、县级、市镇四级。

（二）加拿大

加拿大是一个较为典型的联邦制国家，国土面积约 997 万平方公里，在全世界国家和地区中位列第二，仅次于俄罗斯。全国总人口约 3424 万人（截至 2010 年 10 月），列世界第 36 位，人口密度 3.43 人/平方公里。全国分为 10 省 3 地区^②，省以下设市、镇、村等，部分省有郡的建制。10 个省分布在南部，3 个地区分布在北部。行政层级包括加拿大——省、地区——市、镇、村或加拿大——省——郡三级。

（三）美国

美国面积约 963 万平方公里，全国总人口约 3.09 亿（美国人口统计局 2011 年 4 月公布的 2010 年人口普查数据），共分为 10 大

---

① 2005 年 12 月，彼尔姆州和科米彼尔米亚克自治区合并为彼尔姆边疆区；2007 年 1 月，埃文基自治区和泰梅尔自治区合并为克拉斯诺亚尔斯克边疆区；2007 年 7 月，堪察加州与科里亚克自治区合并为堪察加边疆区；2008 年 1 月，伊尔库茨克州和乌斯季奥尔登斯基布里亚特自治区合并为新的伊尔库茨克州；2008 年 3 月，赤塔州和阿加布里亚特自治区正式合并入外贝加尔边疆区。

② 在加拿大，省和地区之间的区别主要在于：省根据宪法条约设立，地区根据联邦法律设立；地区由联邦政府直接管辖，省由各省所立政府管辖。

地区、50 个州和 1 个直辖特区（首都所在地华盛顿哥伦比亚特区）。州以下设县、市、乡、镇和特别区，它们是美国普遍存在的地方行政单位。全国有 46 个州设县，共计有 3042 个县。大州的县在数量上可达几百个之多，例如，德克萨斯州共有 250 个县。小州则可能只下辖几个县，比如，特拉华州仅有3个县①。虽然各州面积和人口的差别大，但州以下均设一个层级。在殖民地时期，县是最重要的政治单元。它一般是作为州的分治区而设立的，目的是作为州政府的委托机构行使某些职能。建国初期，各殖民地均有县这一层级。随着经济的发展尤其是工商业的繁荣，人口向城市涌入，城市迅猛发展，有的州撤销了一些县，有的州则实行县与城市合并，成立市政府。经过撤销和县市合并，到目前为止，县的数量有三千多个，规模和人口各不相同，在美国行政区划演变过程中，县始终是最稳定的行政单元。美国的市通常是根据居民申请，通过公民投票并经过州特许成立的。它属于为居民提供公共服务自愿结成法人团体的分治区。市和县的区别在于，在创设方式上，县是根据州议会的意愿由州设立的行政管理分治区，而市是根据居民申请并经州特许成立的，是自愿结成法人团体的分治区，但在特许状中详细罗列了市政府的目标、权力、功能以及管辖的疆界和市政府的组织；在自治程度上，市的自治权明显大于县。在美国，乡主要指农村地区的政府单位，在中西部地区和中部大西洋沿岸的纽约等 15 个州中广泛存在；镇通常是由当地居民依照州的法律程序结成的市政自治体，其职能和体制与市相似。特别区一般是为了适应特定区域的特

---

① 各州在面积和人口方面差别显著。阿拉斯加州面积最大，约有 150 万平方公里。罗得岛面积最小，仅为 3000 平方公里。哥伦比亚特区仅有 176 平方公里。加利福尼亚州人口最多，有 2300 万人，而阿拉斯加州则仅有 40 万人。

别需要或为了应对一些特殊问题而设立的，存在诸如学校区、消防区、游览区、灌溉区等多个种类。它在其辖区内只行使某种特别职能，具有单一性特点。由上观之，美国政府的层级结构表现为：联邦政府——州政府——县政府、市政府、乡（镇）政府、特别区政府①，共三个层级。

（四）巴西

巴西国土面积约855万平方公里，是拉丁美洲面积最大的国家，实行联邦制。全国总人口约1.91亿（截至2010年8月），在全世界排名第5位。全国共分为26个州和1个联邦区（巴西利亚联邦区）。州下设市，数量达5564个（2008年6月）。2000年8月的人口普查数据显示，有13座城市的人口在100万以上，约占全国总人口的20%；18座城市的人口在50万—100万之间；77座城市的人口在20万—50万之间；117座城市的人口在10万—20万之间。巴西的行政层级包括巴西——州——市三级。无论是人口在百万以上的大城市，还是人口在20万以下的小城市，均没有再设下一级行政单元。

（五）澳大利亚

澳大利亚是一个联邦制国家，国土面积约769万平方公里，总人口约2178万（2009年3月）。全国由6个州和两个地区（territory，或者称为准州）组成。每个州都有自己的议会、政府、州督和州总理。6个州是：新南威尔士、维多利亚、昆士兰、南澳大利亚、西澳

---

① 在美国，州政府不属于地方政府。地方政府是州政府以下的各级政府。文森特·奥斯特罗姆等认为："在50个不同法律下，8万多个县、乡镇、自治市、学区和其他特别区，加上数以万计的准政府组织，集合而成了美国的地方政府"。参见［美］文森特·奥斯特罗姆等：《美国地方政府》，井敏、陈幽泓译，北京大学出版社2004年版，第2页。

大利亚、塔斯马尼亚；两个地区是：北部地方、首都直辖区。在州和地区以下设近 900 个地方政府。联邦政府和州（地区）一级政府均有自己的宪法、法律和议会，而地方政府则根据州的法律成立。可见，澳大利亚的行政层级包括澳大利亚——州、地区——地方政府三级。

（六）印度

印度作为一个联邦制国家，其面积约 298 万平方公里（不包括中印边境印占区和克什米尔印度实际控制区等），其实际控制区域的面积约 317 万平方公里[①]，总人口约 12.1 亿(2011 年)。印度声称全国分为 28 个邦[②]和 7 个中央直辖区。邦下设立县，中央直辖区下设立区，县和区的数量有 585 个[③]。从邦下所设县的数量看，下设县数量在 10 个以下的邦共有 7 个，下设在 10—15 之间的共有 5 个，下设在 16—20 个之间的共有 5 个，下辖在 20—30 个之间的共有 4 个，下辖在 30—40 个之间的共有 5 个，下辖在 40 个以上的共有 2 个（北方邦下辖 70 个县，中央邦下辖 45 个县）。从中央直辖区下设区的数量看，从 1 到 4 个不等。印度的行政层级分为印度——邦、中央直辖区——县、区三级。

（七）阿根廷

阿根廷实行联邦制，国土面积约 278 万平方公里，是仅次于巴西的拉美第二大国，总人口约 4009 万人（2010 年 10 月）。全国共

---

① 印度方面宣布其领土面积约 328.73 万平方公里，这包括中国、巴基斯坦、印度三方争议的"查谟和克什米尔"全部和中印争议的"阿鲁那恰尔邦"大部（门隅、洛隅和下察隅等地区）。

② 印度声称全国有 28 个邦，是将在克什米尔、锡金和强占我国的十几万平方公里的土地上设置的三个邦也涵盖进来了。这三个邦分别是"查谟和克什米尔邦"、"阿鲁那恰尔邦"（该邦实多为我国山南的门隅、洛隅和下察隅等地区）、"锡金邦"（1975 年强并锡金国设置）。

③ 印度县区级地方政府数量可能有个别增加。

有 24 个一级政区，即 23 个省和布宜诺斯艾利斯自治市。布宜诺斯艾利斯自治市下分为 48 个区。区以下的基础地方政府为镇（或翻译为市，Municipio，科尔多瓦省为 Pendanías）布宜诺斯艾利斯省下分为 134 个县，每个县亦是一个镇或市，相当一部分是组合型城市。除布宜诺斯艾利斯市和布宜诺斯艾利斯省外，其他省下分为若干郡，共计有 376 郡。阿根廷的行政层级为阿根廷——自治市——区——镇四级或阿根廷——省——郡——县四级。

（八）德国

德国国土面积约 35.71 万平方公里，人口约为 8177 万人（截至 2010 年 11 月 30 日）。作为一个联邦制国家，其行政层级为德国联邦——州——地方政府三级。全国共被划分为 16 个州。其中，柏林、汉堡和不来梅为城市州。在德国，有 8 个较大的州细分为行政区；所有的行政区和余下的 8 个州下面分为县，县又分为乡村县和城市县两种；县以下是乡镇。在德国公法中，县是自治团体的社团法人，乡镇是最基层的地方自治单位，是组成县的自治团体，不是州政府下属的行政单位。

（九）瑞士

瑞士国土面积约 4.13 万平方公里，人口约为 778.6 万，行政层级分为联邦、州和市镇三级。瑞士联邦共有 26 个州，其中 6 个州是由 3 个州一分为二而成，又被称为"半州"或"拥有半个表决权的州"。

在瑞士，州是独立的政治实体。市镇是州的基层单位，属于州管辖。[①] 各州规模不一，面积最小的只有 37 平方公里，面积最大的

---

① 吴志成:《当代各国政治体制——联邦德国和瑞士》，兰州大学出版社 1993 年版，第 213 页。

则达到 7105 平方公里；各州的人口从 1.49 万到 124.44 万人不等。尽管各州的面积和人口差异很大，但在州以下都只设市镇这一个行政层级。根据 1997 年的统计，瑞士共计有 3020 个市镇。这些市镇分为农业、手工业、工业和居民市镇四类。从市镇的面积看，有的市镇与一个州的区域范围差不多，有的市镇则甚至没有一个居民区大，只住着几十个居民。不论面积大小和人口多少，市镇以下都不设行政层级。

（十）苏丹

2011 年 7 月南苏丹独立之前，苏丹共和国作为一个联邦制国家，国土面积 250.58 万平方公里，是非洲面积最大的国家。全国总人口 3915 万人（截止 2008 年）。原苏丹共和国设 25 个州，下辖 132 个县，行政层级分为苏丹—州——县三级。

二、国外单一制国家的层级结构

在单一制国家，全国一般只有一个中央政权机构，其处于最高位置，地方政府的权力来源于中央政府的授予，全国各级地方政府都必须接受中央政府的领导。世界上多数国家都是单一制国家。不过，在单一制国家中，有的地方政府自治程度高一些，有的则受中央政府的干预和控制多一些。

（一）哈萨克斯坦

哈萨克斯坦国土面积约 272.49 万平方公里，是世界上国土面积第二大的单一制国家（仅次于中国），人口约 1600 万（截至 2009 年 2 月）。全国分为 14 个州和 2 个直辖市。各州下辖市和区，共计 37 个区级市。哈萨克斯坦的行政层级为哈萨克斯坦——州、直辖市——市、区三级。

（二）印度尼西亚

印度尼西亚国土面积约 190.4 万平方公里（陆地面积），人口总数约 2.38 亿（2010 年数据），是世界人口第二多的单一制国家（仅次于中国）。全国分为大雅加达首都特区、日惹特区、亚齐特区和 30 省，共计 33 个一级政区。截至 2003 年 12 月，二级政区共有 349 个县和 91 个市。全国共有 3844 个乡、65852 个村和镇（1995 年统计），行政层级分为印度尼西亚——特区、省——县、市——乡——村、镇五级。

（三）伊朗

伊朗国土面积约 164.5 万平方公里，总人口约 7260 万（2009 年 3 月数据）。全国共有 30 个省，分为 299 个地区、749 个县、2305 个乡①。2004 年，宪法监护委员会通过了议会关于将原霍拉桑省一分为三的议案，成立了南霍拉桑省、北霍拉桑省和拉扎维霍拉桑省。总的来看，伊朗行政层级分为伊朗——省——地区——县——乡五级。

（四）南非

南非国土面积约 121.9 万平方公里，总人口约 4999 万（2010 年 7 月数据）。全国分为 9 个省，即：北开普省、西开普省、东开普省、西北省、自由省、豪登省、夸祖鲁—纳塔尔省、普马兰加省（东德兰士瓦省）和北方省（北德兰士瓦省）。各省都有各自的立法机关和省政府。2002 年 6 月，北方省改名为林波波省。全国共有

---

①　这组数据来源于中华人民共和国外交部网站。新华网将伊朗行政区划标注为：全国划分为 27 个省，195 个县，500 个区，1581 个乡。由于外交部网站《伊朗国家概况》的更新时间为 2010 年 3 月 15 日，所以选用了外交部网站的数据。究竟哪个数据是准确的，抑或两组数据都存在问题，尚待考证。笔者在研究过程中发现，不同的网站对同一个国家行政区划的介绍也不尽一致，这给研究带来了一定难度。

284 个地方政府，包括 6 个大都市、47 个地区委员会和 231 个地方委员会，行政层级包括南非——省——地方政府三级。

（五）法国

法国是一个中央集权的单一制国家，面积约 55.16 万平方公里，人口约 6544.7 万（截至 2010 年 1 月）。法国的行政区划分为大区、省、市镇①，其中有大区 22 个、省 96 个、海外单省大区 4 个、海外领地 6 个、特别海外领土 1 个。② 各地人口数量从 7 万到 150 万不等，大多数省的人口数量在 20 万到 70 万之间。市镇是法国最基层的行政单位，其范围可小可大：小到地域狭隘、人口稀少的村落；大到高度自治、辖区广阔、人口稠密的都市大邑。全国共有 36783 个市镇，其中有 31948 个市镇的人口不足 2000 人，有 57 个城市的人口超过 10 万人。像巴黎、里昂、马赛这样的大都市，都有超过 100 万居民的人口总数，然而，却是一个市镇，受着如同管辖一个村落的行政机构的管理。③ 总的来看，法国行政层级包括法国——大区——省——市镇四级，其行政区划呈现出层次多、幅度窄的高尖金字塔型特点。

（六）日本

日本国土总面积约 37.79 万平方公里，居世界第 60 位，其中约 11.29 万平方公里为可居住面积（1993 年）。仅就发达国家来看，

---

① 大区、省、市镇都属于法国的地方政府，它们都是地方团体组织。地方团体是一个自治行政的区域，同时又是国家行政的一个区域，它是一个以地域为基础的行政主体，具有独立的法律人格，享有行政上的自治权力。参见王名扬：《法国行政法》，中国政法大学出版社 2003 年版，第 82 页。

② 96 个省属于 22 个大区的下一级政区。22 个大区属于法国本土的区域，而海外单省大区、海外领地和特别海外领土都属于法国在海外的区域。

③ 杨德山：《法国地方行政——层级设置·分权改革·效果评估（上）》，载《北京行政学院学报》2000 年第 4 期。

其面积比英国、德国、意大利等国都大，仅小于美国（约937万平方公里）和法国（约55万平方公里），位列第三。日本总人口约1.27亿（截至2010年3月）。日本的行政区划由都道府县和市町村两个层次组成①。都道府县是日本47个省级地方政府的统称，全国划分为一都、一道、二府、四十三县。其中，"一都"指东京都，"一道"指北海道，"二府"指京都府、大阪府，"四十三县"指余下的43个县。都道府县之间只是因为历史原因才出现名称上的差别，而在法律地位、政治体制、行政权限上则区别不明显，属于平行的一级行政区，都直属中央政府。在日本，"市"与我国相同，都是"城市"这一类地方政府的简称，同时，"市"又被分成普通市、政令指定市、核心市和特例市四种。"町"与我国的"镇"相当。"村"在字义上虽与我国相似，但在体制、法律地位方面与我国的"村"并不相同。日本的村与市、町和特别区都属于"基础地方公共团体"，也就是说，每个村都属地方政府，村的负责人和工作人员均是地方公务员。市、町、村、特别区四者间在地位上相互平等，不存在隶属和领导或"指导"关系。不过，四者在规模上相差较为悬殊，有的市人口高达几百万（如大阪市、横滨市），有的村却只有几百人。截至1998年3月31日，日本共有670个市、1996个町、566个村、23个特别区。概括地看，日本的行政层级包括日本——都道府县——市区町村三级。

（七）意大利

意大利国土面积约30.13万平方公里，人口总数约6039万人（截至2010年1月1日）。全国划分为20个区、103个省、8088个

---

① 由于日本实行地方自治制度，所以都道府县和市町村被称为地方自治体或地方公共团体。

市镇。20个行政区包括15个普通自治区和由少数民族、历史和边远地区等原因而设立的五个特别自治区。行政层级分为意大利—行政区—省—市镇四级。

（八）新西兰

新西兰国土面积约27.05万平方公里，人口约436.77万人（2010年6月30日估计）。国内共分为12个大区，设有74个地区行政机构，其中包括15个市政厅、58个区议会和查塔姆群岛议会。行政层级分为新西兰——大区——地区行政机构三级。

（九）英国

英国作为一个具有悠久地方自治传统[①]的单一制国家，其国土面积约24.41万平方公里[②]（包括面积占1.34%的内陆水域），人口总数约6140万。英格兰的地方政府分为三个层级：郡、郡属区、教区，即郡下设郡属区，郡属区下设教区。郡是英格兰最高一级地方政府，分为都市郡和非都市郡两类。[③]苏格兰下设12个行政区和3个岛区；行政区之下设区，区和不设区的岛区之下设社区。目前，共有25区，4个城市区，3个岛区，总计32个一级行政单位，行政层级包括苏格兰——行政区——区——社区四个层级或苏格兰——岛区——社区三个层级。威尔士的地方政府分为郡（市、郡级自治市镇）、郡属区、社区三个层级，即郡下设郡属区，郡属区

---

① 布勒德曾指出："欲在英吉利全部建立一有效益之中央政府，在事实上亦属不可能也"（[英]S.李德.布勒德：《英国宪政史谭》，陈世第译，中国政法大学出版社2003年版，第13—14页）。实际上，由于英国属于多民族政府，加之交通阻隔，更适于推行地方自治。

② 大不列颠岛是欧洲最大的岛屿，面积约24万平方公里。英国在计算国土面积时，仅算了大不列颠岛的面积，没有将北爱尔兰包括进来。

③ 张立荣：《中外行政制度比较》，商务印书馆2002年版，第176页。

下设社区。由是观之，与英格兰相似，威尔士的行政层级包括威尔士——郡——郡属区——社区四个层级。北爱尔兰划分为 26 个区，行政层级包括北爱尔兰——区两个层级。

（十）韩国

韩国国土面积约 9.96 万平方公里，人口约 5006 万（2009 年 12 月）。从行政区划看，韩国现有 1 个特别市、6 个广域市、9 个道。1 个特别市即首尔（汉城）特别市，下设 25 区。6 个广域市下设若干区和郡。例如，釜山广域市下设 15 区 1 郡。9 个道下设若干市、郡或区。如京畿道下设 27 市 4 郡 13 区。行政层级分为韩国—特别市、广域市、道—区、郡、市三级。

三、国外层级结构的经验启示

一个国家的行政区划是国家权力在地域上的分配，受国土面积、人口数量、经济发展水平、历史文化传统、民族特征和政治体制的影响。从上述 19 个国家行政层级来看，其普遍采用的是少层级、大幅度扁平化结构模式。

（一）行政层级扁平化设计

组织结构扁平化最早发端于企业管理领域，其基本取向是减少中间管理层次，改革线形组织的多层级尖凸式结构模式。扁平化的优点在于：其一，便于横向联系沟通，实现信息共享；其二，利于简化管理层次，降低组织运行成本、实现精干高效；其三，便于上下沟通，加快信息传递速度，减少信息失真失落率。多层级体制下，形成交换关系的客体数量偏少，并且侧重经济交换，信息易独占；而扁平化结构下，形成交换关系的客体数量相对较多，更侧重社会交换，便于信息共享（如图 1）。

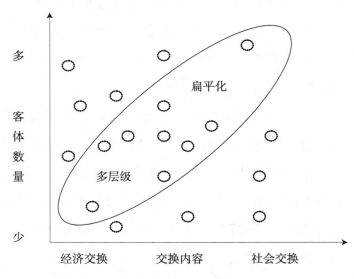

图1 不同组织结构下沟通关系特征

　　企业管理领域的组织结构扁平化改革对公共管理领域形成积极示范效应。世界各国因国土面积、人口数量、经济水平、政治体制、历史传统等因素的差异，在行政区划体制上呈现出多样性和复杂性特征。从全球范围看，原来的一些社会主义国家和权力高度集中的国家行政层级较多（如前苏联、捷克等），而欧美市场经济国家的层级大多较少，减少层级、实现扁平化组织结构是行政区划改革的发展趋势。欧洲的梵蒂冈作为一个城市国家，只设有中央政府一个层级，没有地方政府。美国国土面积与我国相当，其行政层级只有三级，即联邦政府——州政府——地方政府；日本撤销郡级中间建制，形成日本——都道府县——市区町村三级行政层级体系；印度取消村级建制，实现联邦——邦、中央直辖区——县、区三级行政体系。

表1：20个国家行政层级统计

行政层级数	国家	数量
三级	加拿大、美国、巴西、澳大利亚、印度、苏丹、德国、瑞士、哈萨克斯坦、南非、日本、新西兰、韩国	13
四级	俄罗斯、阿根廷、法国、意大利	4
五级	印度尼西亚、伊朗、英国（苏格兰部分岛区为四级，北爱尔兰为三级）、	3

表2：世界各国行政层级统计

层级	一级	二级	三级	四级	五级及以上
数量	10	32	60	68	21

说明：只统计独立国家。限于政区的复杂性和资料匮乏，数据可能会有误差，但总体规律不受影响。

我们从表1可以发现，在前文所分析的20个国家中，有13个国家实行三级结构，其中，在国土面积排名前10位的国家中，有7个是三级制政府。俄罗斯和阿根廷同样是国土面积排名前10位的国家，其行政层级为四级。这样一来，在国土面积排名前10位的国家中，共有9个国家实行的是三级或四级行政层级结构，而且以三级为主，只有中国的行政层级为五级结构。分析表2可以看出，世界上多数国家最终都形成了以三级或四级为主导的行政层级结构[①]，而实行四级制的国家最为普遍，有68个，其次是三级制[②]，有60个，

[①] 有不少学者都认为世界上多数国家实行的是三级行政层级，但根据我们的统计数据（见表2），实行四级行政层级的国家在数量上略多于实行三级行政层级的国家。

[②] 有研究发现，实行三级制行政层级结构的国家主要分为两种类型，一是国土面积小，人口少，或国土面积大但人口少的国家，没有必要划分过多的层次。如，荷兰、芬兰等。二是虽然国土面积大，人口较多，但地方自治完善的国家。如，加拿大。详细论证参见李文良：《西方国家行政区划改革特点之分析》，载《国际关系学院学报》2009年第1期。关于这一观点，笔者是赞同的。目前，在研究国外行政层级结构对中国改革的借鉴意义时，有一种倾向，即通过强调三级制或四级制是多数国家的选择，来论证中国的行政层级设置，其"方法论"值得商榷。

二级制为 32 个。这些层级少幅度大的结构设计与我国的多级制形成反差。

（二）避免增设行政层级

世界许多国家的行政区划改革，都尽量避免增加行政层级。俄罗斯从 2004 年到 2008 年先后五次合并自治区，藉此减小管理幅度，避免增加行政层级。美国虽然各州面积和人口差别很大，但在州以下均没有增设过多层次，而是只有一个层级。不仅如此，随着经济的发展尤其是工商业的繁荣，亦因为人口向城市的涌入，美国还通过撤销一些县或实行县市合并来减少县的数量，以适应城市迅猛发展之需。在巴西，其行政层级包括巴西——州——市三级，而不管是在拥有百万以上人口的大城市，还是在 20 万以下人口的小城市，均没有增设下一级行政单元。在瑞士，各州的面积和人口差异相当之大，但是，州以下都只有市镇一个行政层级。从市镇的面积看，大的市镇与一个州的区域范围差不多，小的市镇则甚至比一个居民区还要小，面积最大和面积最小的市镇相差 197.43 倍（7105/37[①]）。不论面积大小和人口多少，市镇以下都不设行政层级。另外，在瑞士，由于管理技术水平的不断现代化，原有的基层行政单位的行政区域已无法适应管理要求，市镇合并的趋势日趋明显，市镇行政单位的总数不断减少；由于原有部分市镇辖区小，相互间利益纠纷繁多，合并地方政府单位，增大利益主体的行政区域范围，可减少大量边界纠纷，优化行政运行质量。[②] 法国共有 36783 个市镇，虽然市镇之间人口和面积差异很大，但即使像巴黎、里昂、马赛这样人口超过 100 万的大都市，也受着如同管辖一个村落的行政机构的管

---

① 此数据在介绍瑞士的行政层级时有详细论述。

② 方晓：《浅析瑞士的行政区划》，载《人文地理》1999 年 7 月增刊。

理，并且没有增设新的行政层级。日本的市和村地位上是相互平等的，但各自的规模则相差悬殊，如，大阪市和横滨市的人口高达几百万，而某些村只有几百人。虽然存在人口数量上的巨大差异，日本并没有在大市下新设一个行政层级，而是坚决维持三级制结构模式。

（三）扩大行政管理幅度

从国外许多国家行政区划改革的实践看，扩大幅度和减少层级是相辅相成的，特别是伴随着行政层级的减少，行政管理幅度在变宽。如，日本在撤销郡级建制形成三级制后，中央政府直接管辖 47 个一级政区，下辖 3255 个二级政区（670 个市、1996 个町、566 个村、23 个特别区），管理幅度高达 69.26（见表 3）。不仅如此，政区所辖面积和人口数量亦在不断扩大，这种趋势主要体现在镇的合并和市县调整等方面，这实际上变相扩大了行政管理幅度。如法国 20 世纪 50 年代采取市镇合并、市镇组合、设立区（联合几个市镇的公共机构）等一系列扩大市镇规模的改革举措；德国 20 世纪 60—70 年代对市县进行调整，仅 1968—1978 年十年间，原西德境内县从 420 个降为 237 个，市从 139 个降为 91 个，乡镇从 24 万个降为 8500 个左右。日本在 1953 年颁布的《町村合并促进法》和 1956 年颁布的《新市町村建设促进法》等法律推动下，将 9800 个町村减少近三分之二。表 3 是前文阐述的 20 个国家的一、二级政区数量和管理幅度统计。从该表不难发现，在 17 个国家中（韩国、加拿大、德国不详），有 9 个国家一级政区（相当于我国的省、自治区和直辖市）的管理幅度超过 15 个二级政区，其中，美国、巴西、澳大利亚、瑞士、日本均下辖 50 个以上二级政区；有 2 个国家（俄罗斯、印度尼西亚）一级政区的管理幅度在 11—15 个二级政区之间；有 6 个国家一级政区的管理幅度小于 10 个二级政区。

表 4 是中国与国外主要国家行政区管理幅度的比较，从中我们可以看出，我国省级政区平均行政管理幅度为 10.74 个地级单位，而地级政区平均管辖 8.59 个县级单位。这种行政管理幅度过小的制度架构与国外少层次大幅度趋势明显相悖。幅度小与层级多是紧密相连的，由此导致的行政机构叠床架屋、行政权力集中度过高、政府规模过度扩张、行政成本居高不下等一系列弊病广为学界所诟病。浦善新等早在 1995 年就指出："中国的地方行政层次有的为三级，有的是四级，加上地区、区公所、街道办事处等派出机关，达 5—6 级，整个地方行政体系十分复杂、繁芜。这不仅给国家统一的行政管理带来很多困难和不便，而且层次多必然造成整个国家行政机构膨胀、臃肿，而机构臃肿又必然促使官僚主义盛行……由于管理幅度小，必然层次重叠，人浮于事，为了有事做就会事无巨细地统管起来"[①]。当然，现在区公所已基本撤销，但多层级的格局并未改变。

表 3：20 个国家的一、二级政区数量及管理幅度

类型	国别	一级政区（A）	二级政区（B）	管理幅度（C）
联邦制国家	俄罗斯	7	83	11.86
	加拿大	13	不详	不详
	美国	51（46 个设县）	3042（仅指县）	66.11
	巴西	26	5507	211.81
	澳大利亚	8	近 900	约 112
	印度	35	585	16.71
	阿根廷	24	558	23.25
	苏丹	25	132	5.28
	德国	16	439	27.44
	瑞士	26	3020	116.2

---

① 浦善新等：《中国行政区划概论》，知识出版社 1995 年版，第 532—533 页。

类型	国别	一级政区（A）	二级政区（B）	管理幅度（C）
单一制国家	哈萨克斯坦	14+2（2个直辖市）	37	2.64（37/14）
	印度尼西亚	33	440	13.33
	伊朗	30	299	9.97
	南非	9	284	31.56
	法国	22+4（4个海外单省大区）	96+6+1	4.36（96/22）
	日本	47	3255	69.26
	意大利	20	103	5.15
	新西兰	12	74	6.17
	英国	4	125	31.25
	韩国	16	不详	不详

注释：除特别注明外，C=B/A。

表4：中国与国外主要国家政区管理幅度比较

	中国（大陆）1	美国	日本	德国	法国（土）
一级政区	31	50	47	16	22
二级政区	333	县3143、市19200	3273	439	96
三级政区	2862	不详	不详	8500	36760
平均幅度	10.74/8.59	62县、380市	69	27.4/19.36	4.3/375

资料来源：根据周定国：《世界行政区划图册》、"中国行政区划网"整理。刘君德：《中外行政区划比较研究》，华东师范大学出版社2002年版。

（四）城乡分治与小政府经验

城乡分治是强县扩权、省直管县的前提。根据国际市制发展经验和一般规律，市是一种城市型建制，县是广域型建制。县是面，市镇是面上的点。德国和美国州以下的县市都是各自独立的自治实体，美国3143个县覆盖了每一寸国土，实行富有乡村特色的自治政策。日本的县作为广域型一级政区下辖的市、町、村，横向上无隶属关系，而是各自成立地方公共自治团体负责管辖本地区的部分公共事务。此外，市是基层而不是中间层的行政建制，市下面一般不再有其他政府建制（少数大城市除外）。市和县的性质不同，主要任务也不同。市的发展方向是实现自治，而市制的目标取向是适域化而非广域化。

西方国家"小政府"观的丰富治理经验，也为我们弱化市级管理权限，减轻省、县两级政府管理压力，实现"小政府、大社会"治理模式提供了借鉴。从资本主义生产关系确立到 20 世纪 30 年代初期，虽然资本主义经济从自由竞争走向垄断，但就政府管理而言，基本上是一个放任时期。"政府是必要的罪恶"，"管得最少的政府就是最好的政府"，是这一时期的主导哲学。虽然在应对经济危机中，政府规模和权限有所反复，但在总体上，市场经济自由平等精神对政府管理权限和事务范围都具有明显的约束作用。特别是 20 世纪 70 年代西方大规模行政改革，将政府业务合同出租、以私补公、与私营企业建立伙伴关系、公共服务社区化，以及分权与权力下放、部门内部组织结构改革和业务流程再造、公共行政传统规范与工商企业管理方法的融合等观念和理论引入政府治理模式，大大减轻了政府负担。市场模式、非管制政府模式、参与模式、灵活政府模式等后层级制治理模式所探索出的一系列方法措施，对政府纵向结构调整有重要启示。

（五）大国亦可简化层级

前文对国外层级结构模式的经验性分析和有益启示的探求，并不意味着我们简单地在层级数量上照搬国外层级结构模式，或者说无视中国是一个国土和人口大国的客观事实。实际上，如果将国土面积和人口因素作为衡量行政层级数量是否具有合理性的重要因素,那么尚需考虑面积层级均值和人口层级均值问题。面积层级均值和人口层级均值系我们为了研究需要提出的两个概念,其意指平均到每个层级上的面积大小和人口数量。综合运用人口密度、面积层级均值以及人口层级均值可能比仅仅就行政层级数量开展中外比较研究更为精确。

中国陆地面积约 960 万平方公里,2010 年 11 月第六次人口普查结果统计大陆人口约 13.39 亿,人口密度为 139.55 人 / 平方公里,面积层级均值为 192 万平方公里 / 层,人口层级均值约 2.68 亿人 / 层。

表 5：13 个三级制国家面积、人口、人口密度、层级均值统计

国别	面积（万平方公里）	人口（万人）	人口密度（人 / 平方公里）	面积层级均值（万平方公里 / 层级）	人口层级均值（万人 / 层级）
加拿大	997.06	3423.80	3.43	332.35	1141.27
美国	962.90	30874.55	32.06	320.97	10291.52
巴西	854.70	19073.27	22.32	569.80	6357.76
澳大利亚	769.20	2177.90	2.83	256.40	725.97
印度	316.56	121020.00	382.30	105.52	40340.00
苏丹	250.58	3915.00	15.62	8.35	1305.00
德国	35.70	8177.20	229.00	119.00	2725.73
瑞士	4.13	770.00	186.44	1.38	256.67
哈萨克斯坦	272.49	1600.48	5.87	90.83	533.49
南非	121.91	4999.00	41.00	40.64	1663.33
日本	37.78	12705.79	336.27	12.59	4235.26
新西兰	26.87	436.77	16.26	8.96	145.59
韩国	9.96	5006.23	502.63	3.32	1668.74

资料来源：作者自制。

从表 5、6、7 可以看出,人口密度在 100 人 / 平方公里以上的

国家既有实行三级制的（印度、德国、瑞士、日本、韩国），又有实行四级制的（法国、意大利），还有实行五级制的（印度尼西亚、英国）。可见，中国的人口密度不能成为维持多行政层级的理由。

表 6：4 个四级制国家面积、人口、人口密度、层级均值统计

国别	面积（万平方公里）	人口（万人）	人口密度（人／平方公里）	面积层级均值（万平方公里／层级）	人口层级均值（万人／层级）
俄罗斯	1707.55	14291.41	8.37	426.89	3572.85
阿根廷	278.00	4009.14	14.42	69.50	1002.29
法国	55.16	6544.74	118.65	13.79	1636.18
意大利	30.13	6038.70	200.42	7.53	1509.68

资料来源：作者自制。

再看面积层级均值。在表 5、6、7 中，面积层级均值与中国相仿或超过中国的有 6 个国家（加拿大、美国、巴西、澳大利亚、印度、德国），其中有 5 个是国土面积排名世界前 10 位的国家。由于该 6 个国家的行政层级均为三级，所以从面积层级均值看，中国也适合推行减少行政层级的改革。

表 7：3 个五级制国家面积、人口、人口密度、层级均值统计

国别	面积（万平方公里）	人口（万人）	人口密度（人／平方公里）	面积层级均值（万平方公里／层级）	人口层级均值（万人／层级）
印度尼西亚	190.44	23756.00	124.74	38.09	4751.20
伊朗	164.50	7260.00	44.13	32.90	1452.00
英国	24.48	6094.39	248.93	4.90	1218.88

资料来源：作者自制。

　　从人口层级均值看，根据表 5、6、7 的数据，在我们统计的
20 个国家中，人口层级均值在 1 亿 / 层以上的只有美国和印度两个
国家，美国约 1.03 亿人 / 层，印度约 4.03 亿人 / 层。美国和印度都
实行三级制层级结构。根据这一情况，我们也不能仅仅以中国的人
口层级均值远高于多数国家就得出不宜减少行政层级这一结论。事
实上，假如中国实行四级制层级结构，那么其人口层级均值约 3.32
亿人 / 层，这一数字仍然小于印度。

垂直权力分合

省直管县体制研究

第六章 垂直权力调整的当下案例

第六章　垂直权力调整的当下案例

　　市管县体制对县域经济社会发展的不利因素在不断增多，针对市管县体制的权力重构压力也日渐明显。如何进一步提升行政体制效用，建立起与经济社会发展相适应的区划体制，成为学界和实际工作者广泛关注。

　　2002 年以来，湖北、河南、安徽、广东、江西、河北、辽宁、黑龙江、四川和江苏等 19 个省，以浙江财政模式是瞻，相继开展了"强县扩权"改革，加上北京、上海、天津、重庆 4 个直辖市和海南省原有体制，全国先后有 24 个省（市）实行了经济管理权和部分社会管理权近似于"省直管县"的管理体制。这其中既有东部经济社会较发达的省份，也有中西部经济社会欠发达的地区。从实施情况来看，各地改革的方略步骤各有特点：有的对经济强县（市）实施放权，充分发挥其示范效应；有的不分县（市）强弱，一律平等放权，最大限度地调动县（市）发展经济的主动性和积极性；有的分类推进，先试点，后逐步推开；有的则是能放就放，依法合规，全面推进。笔者在初步调研的基础上，选择我国东、中、西部

141

三个不同区域中有代表性的省（市）进行分析，探讨其改革背景、举措和成效。

一、地方垂直权力分合的几种模式[①]

地方垂直权力的分合是以强县扩权或扩权强县来实现的，在实践中涉及要素多，触及利益广，推进难度大。总体上看，各地一般以财政放权为突破口，根据各地社会发展水平，选取不同推进路径，体现出不同特点。这里择取浙江、湖北、河南、四川、海南和重庆等省（市）之做法和特点进行归类梳理。

（一）财政突破与体制创新的浙江模式

浙江省面积 10.18 万平方公里，下辖 11 个地级市，县级行政区 90 个（32 个市辖区、22 个县级市、35 个县、1 个自治县）。作为我国陆域面积偏小的省份之一，多年来拥有全国"百强县"近1/3 的席位，创造了农民人均年纯收入连续 25 年（1985—2009 年）排名各省区(不含直辖市)榜首的记录[②]。农民利益的普惠，县域实力的劲增，与该省市县垂直权力关系，特别是实行省管县财政体制密不可分。

浙江是自全国实施"市管县"体制后进行强县扩权的最早尝试者。1992、1997、2002、2006 年，该省先后实施了四轮扩权工作。1992 年出台了扩大萧山、余杭、鄞县、慈溪等 13 个县（市）部分经济管理权限的政策。主要内容有扩大基本建设和技术改造项目审

---

① 本部分作为国家社科基金资助项目"扩权强县与市管县体制改革"（06BZZ024）和江苏省"333 工程"资助项目的阶段性成果，部分发表于《学海》（2008.1）等。

② 这里笔者特别强调农民人均纯收入全国第一，旨在说明以农民为主体的县域发展水平。

批权、扩大外商投资项目审批权、简化相应审批手续等 4 项。1997 年在萧山和余杭两个县级市进行了扩大管理权限的试点。其主要内容有基本建设和技术改造项目审批管理权限、对外经贸审批管理权限、金融审批管理权限、计划管理权限、土地管理权限等 11 项。同年，省政府又授予萧山、余杭两市地出国（境）任务审批管理权限。2002 年 8 月下发了关于扩大部分县(市)经济管理权限的通知，实施大规模的强县扩权改革。最终，绍兴县、温岭市、慈溪市、诸暨市等 17 个经济强县（含县级市）以及杭州市萧山区、余杭区和宁波市鄞州区（即通常所说的"17+3"）被确定为放权对象。扩权范围和内容，涵盖计划、经贸、外经贸、国土资源、交通、建设等 12 大类 313 项本来属于地级市经济管理的权限。2006 年 11 月又选择义乌市作试点，实行新一轮强县扩权。在不改变其由金华市领导的管理体制的前提下，进一步扩大义乌市政府经济社会管理权限，除规划管理、重要资源配置、重大社会事务管理等经济社会管理事项外，赋予义乌市与设区市同等的经济社会管理权限。扩权之后，义乌市可根据经济社会发展需要，按照全面履行政府职能的要求，研究提出调整优化政府机构设置和人员编制方案。通过扩权，义乌市政府基本上具备了地级市政府所具有的权限，成为当今中国权力最大的县级政府。

在权力分合过程中，浙江不断改进和完善的"省管县"财政体制，被专家学者称为促进经济发展的"秘密武器"。其实，自 1953 年来（"文革"期间有中断），该省就实行了省管县财政体制。进入 20 世纪 90 年代，特别是 1994 年国家实行分税制以后，在分税制框架内，根据各地实际，他们陆续对"省直管县"财政体制进行改革完善，推出了许多具有地方性特点和现实特征的财政政策。

1993 年，在明确中央与地方收支划分的基础上，该省重新划分了省与市（地）、县（市）的财政收支范围，以 1993 年为基期核定省对市（地）、县（市）的收入返还数额；与上划中央的收入增长率挂钩，确定了市（地）、县（市）财政收入增长基数及增长分成办法。为促进经济强县的发展，加强财源建设，解决落后县(市)的转移支付问题，1994 年起，制定实施了"分类指导"政策，对发达县实行"亿元县上台阶"政策，一次性给予 30 万元奖励，此后以地方财政收入每年增加 3000 万元为一个台阶，每一个台阶给予奖励 20 万；而对欠发达县，则推出"两保两挂"政策，即在确保完成中央两税任务，确保实现当年财政收支平衡的前提（两保）下，省对县的财政补助和奖励与县财政收入增长挂钩（两挂）。这一政策的实施，使经济相对落后的县（市）在促进地方经济增长、提高地方财政收入方面更有积极性。从 1997 年起，对衢州、舟山、丽水、金华四个地级市本级财政实行"三保三挂"政策，即在原"两保两挂"的基础上增加"一保一挂"———保证所辖县（市）当年财政收支平衡，一挂城市建设补助，挂钩比例为当年全市范围内增长上缴省 20% 的 25%。1999 年起，省财政对"两保两挂"地(市)、县(市)实施财源建设技改贴息补助政策。实行"两保两挂"市（县）地方财政年收入额与省财源建设技改贴息补助挂钩。同年，省政府还对实行"两保两联"的 6 个地级市实行"三联三保"。

浙江省的分权放权政策很有特点，主要体现在：

其一，以"经济强县"作为分权放权试点，进一步增强县（市、区）的经济社会发展能力，壮大县域经济。如 1992 年选取杭州的萧山市、余杭县和宁波的鄞县、慈溪市，就是基于做大经济强县的考虑。2002 年的第三次分权扩权主要在非财政补贴县进行，其主要依据是 2001 年国内生产总值在 100 亿元以上，人均国内生产总值在 15000 元以上。实践证明，这种尝试起到了积极作用，慈溪市 2001 年 GDP 为 184 亿元，2009 年达到 626.24 亿元，国内生产总值居宁波市各县（市、区）前列。

其二，以省管县财政体制为切入点。众所周知，财政改革是我国行政管理体制改革的中枢。对于上级政府来说，掌握了财权也就掌握了宏观调控的关键；对于下级政府而言，获得了财政自主权，其工作的积极性与主动性就能得到充分调动。由于特殊地理和历史因素，浙江延续了省管县的财政体制。随着社会的发展，又及时推出"亿元县上台阶"、"两保两挂"、"三保三挂"等举措，有力地保证了省级政府的调控权，有效地调动了县（市）级政府的积极性，成为县域经济发展和强县扩权改革强有效突破口。

其三，按照"以点带面、逐步深入、能放都放"的原则进行分权扩权。由刚开始的四县（市）试点，取得经验和成效后，再进行大范围推广，到 2002 年第三次扩权，已增加到 20 个县（市、区），占全省县（市）总数的 34%，为全部实行省直管县奠定了基础。同时，在分权扩权内容上也是逐步深入，由开始的享有与地级市同等的部分经济管理权限，扩大到与经济管理权限相配套的行政管理权限，再到后来以社会权限为重点，赋予与设区市同等的经济社会管理权限。

其四，以分权扩权为契机，推动基层政权体制机制改革创新。2007 年，浙江省决定在"强县扩权"的基础上再推"强镇扩权"，赋予中心镇部分县级经济社会管理权限，把中心镇培育建设成为产业的集聚区、体制机制的创新区、新农村建设的示范区。中心镇培育工作业绩列入市、县（市、区）政府领导班子新农村建设考核内容。

（二）强县带动与弱县激励转移的湖北模式

湖北省面积 18.59 万平方公里，下辖 12 个地级市、1 个自治州（共计 13 个地级单位），38 个市辖区、24 个县级市、38 个县、2 个自治县、1 个林区（共计 102 个县级单位）。该省经济发展依靠的主要是大企业、大城市，而县域经济一直是该省经济发展的薄弱环节。为改变县域经济落后状况，消除阻碍县域经济发展的体制性障碍，湖北按照"能放则放"的原则，向经济规模较大、发展潜力明显的县（市）放权，扩大这些县（市）发展经济的自主权。

2003 年 6 月，湖北决定扩大大冶市、汉川市、宜都市等 20 个县（市）的经济和社会发展管理权限，并印发扩大部分县市经济和社会发展管理权限的通知，列出向县（市）扩权的 239 项事项，其中包括发展计划、经济贸易、旅游交通、劳动人事、市场监督、国土资源、水利环保、税务财政等方面，涉及 23 个政府部门。县（市）扩大的权限主要分为两类，除国家法律、法规明确规定以外，以前经市州审批或管理的，改由扩权县（市）自行审批、管理；须经市州审核，报省审批的，改由扩权县(市)直接报省审批或审核，报市州备案。

为了配合此次"扩权"，湖北省从 2004 年 4 月起改革现行省管市、市管县（市）的财政体制，在全省实行省管县（市）财政管理体制，原实行省管的武汉市等 17 个市（州）继续实行省直接管理（含所辖区），全省 52 个县（市）（不含恩施州所辖的 8 个县市）实行省管财政体制，合计 69 个省管单位。其改革内容涉及财政预算管理体制、转移支付及专项资金补助、财政结算、收入报解及资金调度和债务偿还等诸多方面。如：将市对所属县（市）的财政体制补助相应调整为省对县市和市的财政体制补助；税收返还和所得税、营业税等基数返还，在市、县（市）间进行调整，由省直接计算到县（市）；省对地方的各项转移支付补助，按照规范直接分配到县（市）；原来市对县（市）的各项结算、转移支付及资金往来扣款等，改由省财政直接与各县（市）财政办理结算。

2005 年 7 月，湖北颁布《关于进一步促进县域经济发展的意见》，决定将郧县、公安县、洪湖市等 12 个县市列为第二批扩权县市。2006 年 4 月又新增阳新县、谷城县、远安县等 10 个县市为扩权县。至此，全省有 42 个县市列入了扩权改革的进程，占到全省县市的三分之二。

表 1：湖北省县市扩权事项及其分类

类　　别	扩权县市自行审批、报市州备案事项	扩权县市自行审核、报省审批、报市州备案事项
有关发展计划审批管理权限	2	13
有关经济贸易审批管理权限	9	35
有关外经贸审批管理权限	6	18
有关国土资源审批管理权限	2	6
有关交通审批管理权限	8	7
有关建设审批管理权限	2	11
有关税务、财政审批管理权限	13	2
有关农、林、水利审批管理权限	9	28
有关劳动、人事、民政审批管理权限	12	7
有关教育、科技、信息产业审批管理权限	4	10
有关工商、技术监督、药品监督审批管理权限	5	17
有关旅游审批管理权限	4	2

湖北分权扩权的特点可以概括为：

第一，能放则放，强县带动。借鉴浙江分权扩权初期的做法，按照"能放则放"的原则，向经济规模较大、发展潜力明显的县（市）放权，扩大这些县（市）发展经济的自主权。如第一次放权时的大冶、汉川、宜都等都是湖北的经济强县（市）。

第二，财政省管，筑牢基础。在全省52个县（市）（不含恩施州所辖的8个县市）实行省管财政体制，进一步扶持县域经济发展，增强其自主发展能力，为扩大分权范围奠定经济基础。

第三，优化转支，制度创新。坚持一般性转移支付资金分配和使用基本原则，优化一般性转移支付结构，创新性地将省对县（市）的一般性转移支付分为均衡性转移支付、激励性转移支付和政策性转移支付三种形式。既实现了公平优先目标，又促使县（市）做大财政"蛋糕"和做小财政供养系数，同时还确保党和国家各项重大政策得到贯彻落实。

（三）强县放权与弱县扩权的河南模式

河南是人口大省，面积16.7万平方公里，下辖17个地级市，县级行政区159个（50个市辖区、21个县级市、88个县）。河南既是全国第一农业大省，也是重要的经济大省、迅速发展的新兴工业大省，总体经济发展水平落后于沿海发达地区，区域经济发展不平衡，县域经济发展相对缓慢。

为促进县域经济发展，2003年8月，河南开始酝酿"强县扩权"改革，2004年初，制定颁发关于发展壮大县域经济的若干意见对强县扩权和促进县域经济发展提出指导性意见。《意见》若干条款极具针对性，如：省财政每两年安排3亿元，专项用于对发展速度快、发展效益好的县市奖励；在一个县市区担任党政正职8年以上，工作成绩突出，表现优秀的领导干部，经考察可提拔为副厅级干部。

2004 年 5 月，省政府印发扩大部分县（市）管理权限的意见，赋予巩义市、项城市、永城市、固始县、邓州市等 5 个区位优势明显、有望培育成未来地区中心城市的县（市），赋予与省辖市相同的经济管理权限和部分社会管理权限，即计划直接上报、财政直接结算、经费直接划拨、税权部分扩大、项目直接申报、用地直接报批、证照直接发放、统计直接报送、政策直接享有、信息直接获得等 10 项权限。同时，对新密市、新郑市、西平县等 30 个经济基础好、发展潜力大、特色和优势明显的县（市），赋予在建设项目管理、土地审批、证照发放、税权享有 4 个方面与省辖市同等的经济管理权限。

经过一个时期的尝试，河南的强县扩权改革收到成效。扩权县（市）数目逐年增加，至 2006 年，扩权县（市）由 35 个增至 46 个。扩权县（市）的经济呈加速发展趋势，2006 年，46 个扩权县（市）的 GDP 总额约占全省的三分之一，其中有 22 个扩权县（市）的 GDP 增速在两位数以上。

河南的强县扩权主要有以下三个特点：

第一，通盘综合考虑，强县弱县并举。在强县扩权中，河南重视地区平衡和区位等多种非量化因素，既选择区域性中心城市，如巩义、项城、永城，也兼顾人口大县，如固始、邓州，还有经济条件较差的县，可以说是"强县放权"、"弱县扩权"，二者齐头并进。

第二，改革阻力较小，推进过程迅速。在省政府对省辖市的经济补偿下，省辖市对强县扩权多持赞成态度，政策实施没有遇到太大阻力。在"强县扩权"方案提交地市和县市领导讨论时，与会代表认为"强县扩权"试点县太少，应扩大范围，很多地级市为本地区积极争取"强县扩权"试点县。如洛阳、漯河等地级市很快向省有关部门汇报，希望增加本地区试点县数量。根据各地意见，决策者修改了方案，使扩权县由原来的 25 个增加到 35 个，权限由最初的 40 条，扩展到 80 条。

第三，扩权不够彻底，存在平衡妥协。河南的改革，无论是 5 个类似的"省辖县"，还是另外的 30 个试点县，所属省辖市的行政权力并没有变化，仅仅是行政管理范围有了些许缩小，作为行政权力的核心，人事任免权仍旧掌握在所属省辖市手中，行政管理权、行政区划、统计方式等等也是对旧格局的传承。此外，在省财政直管上，对省辖市有平衡和妥协。如在对巩义市、项城市、永城市、固始县、邓州市等 5 个县（市）实行财政与省直接结算上，出于对永城所辖商丘市的经济承受能力的考虑，规定永城市与商丘市的财政体制另行确定，没有享受与巩义、项城、固始、邓州四县（市）同等的权利，对此，永城市的干部群众颇有微词。

（四）放管结合与以扩促强的四川模式

四川省总面积 48.5 万平方公里，辖 18 个地级市、3 个自治州、43 个市辖区、14 个县级市、120 个县、4 个自治县，人口众多，地域辽阔，县域经济发展一直较缓慢。

表 2：2005 年县域经济平均规模对比

	人口（万人）	GDP（亿元）	地方财政一般预算收入（亿元）
全国县域经济平均规模	45.70	43.86	1.64
四川省县域经济平均规模	46.42	29.21	1.01
比率	101.58%	66.56%	61.59%

资料来源：作者整理。

为改变县域经济落后局面，2007 年 3 月，四川赴蒙浙苏鲁豫五省区考察，吸取其扩权强县、放活县域经济经验，着手试行扩权强县改革。2007 年 7 月，出台《关于开展扩权强县试点的实施意见》，确定绵竹、广汉、安岳、盐边等 27 个县（市）为扩权试点县（市），赋予与地级市相同的部分经济管理权限，包括计划直接上报、财政审计直接管理、税收管理权部分调整、项目直接申报、用地直接报批、资质直接认证、部分价格管理权限下放、统计直接监测发布等八个方面的管理权限。《意见》规定，今后国家和省赋予试点县（市）的经济管理权限，除国家法律法规明确规定的外，扩权试点县（市）均可直接享有。2009 年增加了 32 个试点县（市）。主要包括三个方面的具体内容：

其一，减少审批环节，扩大县级自主权。扩大试点县（市）的经济管理权限，基本方式是要逐步做到除国家法律、法规有明确规定外，原需经所在市审批和管理的，由县（市）自行审批和管理；原需经所在市审核、报省审批的，原则上由县（市）直接审核、报省审批，报市备案。

其二，调整市县间财政关系，实行市县统一的财政体制。省对试点县（市）实行统一的分税制财政管理体制，确保既得利益，实施增量调控。从 2007 年起，除中央、省按财政体制参与试点县（市）的税收分享外，所在市不再参与试点县（市）税收分享。在基数核定上，以 2006 年为基期年，确保试点县（市）和所在市的既得利益不受损失。同时在不破坏财政体制稳定性、严肃性的基础上，将按原体制计算的增量在一定时间内按比例给予基数性结算返还。

其三，放管结合，责权统一。省级部门在产业布局、项目安排和经费安排补助方面加大对试点县（市）的支持力度，既减少管理层级，提高工作效率，又使试点县（市）能更好地自主安排工作。同时，按照权责统一原则，试点县（市）还要承担起管理所辖范围内经济社会事业发展的各项职责，权责匹配，权责同授。

四川扩权强县的特点可归纳为：

第一，试点区域广泛，类型多样，有较强的代表性。据统计，最初27个试点县包含了2600多万辖区人口，占全省总人口的近1/3；面积占当初可供选择改革的80个县总面积的34%、总人口的51%。同时，试点县的参照标准是经济强县、人口大县、类区优势县，因此试点县的选择兼顾了多样性和代表性，如绵竹、什邡等是经济强县，安岳、三台、仁寿是人口大县，峨眉山、盐边属于山区县。从不同类区中选择一些县进行试点，符合四川人口、区域大省特色，体现了因地制宜、因类制宜。

第二，以先扩权再强县为思路。四川省所发的相关文件是以"扩权强县"形式出现，将扩权作为强县的手段和途径，强县作为扩权的目标和方向。扩权强县按照"依法合规、责权统一、扩权放活、富民强县"的基本原则进行。鉴于四川省区域广阔的特点，目前只局限于多下放一些与县域经济发展密切相关的部分经济管理权限，社会权限还是按照原来的体制配置。

第三，财政体制成为改革的突破口。为了配合扩权强县的顺利推进，四川借鉴浙江、湖北等省经验调整县财政体制，实行省直管县财政体制。通过清核包括收入、支出、财力、专款基数、年终结算项目和涉及市县责任的政府性债务余额等财政收支基数，试点县的税收收入和行政性收费、专项收入、政府性基金收入等非税收入均按调整后的收入划分范围和比例，分别缴入中央、省、县级金库或财政专户，省下达的财力性补助和专项补助资金由省财政直接分配补助到县、资金调度由省财政直接调拨到县。同时，为防止出现擅自调整市所辖其他非试点县（市、区）财政管理体制、抽集县级财力的情况，省财政将把市对所辖其他县（市、区）的执行情况纳入财政激励约束机制进行考核。

第四，注重协调市、县关系，调动双方积极性。四川在进行扩权强县过程中，有意识地兼顾各方利益，积极稳健地推进改革。以财政体制调整为例，在一定期限内，省财政对市一级按原体制计算的增量按比例给予基数性结算返还，以实现改革平稳推进。同时，按照新体制，试点县将增加其职权范围内的支出责任，这在一定程度上减轻了市级财政的支出压力。

（五）市县分置与扁平管理的海南模式、重庆模式

海南省陆地（主要包括海南岛和西沙、中沙、南沙群岛）总面积 3.54 万平方公里，海域面积约 200 万平方公里。1988 年七届全国人大一次会议通过：撤销广东省海南行政区，设立海南省，下辖海口、三亚两地级市，6 个县级市、4 个县、6 个自治县、4 市辖区和西沙群岛、南沙群岛、中沙群岛的岛礁及其海域。[①] 海南省由于其地域面积较小，在建制之初，就按照我国宪法规定"省—县（市）—乡（镇）"的行政区划架构，实行"市县分置"模式，地级市海口和三亚不再辖县（市），它们按照市的本来属性管理城市自身，县（市）改由省直接管理。

重庆市面积 8.23 万平方公里，下辖 19 市辖区、17 个县、4 个自治县。1997 年八届全国人大五次会议通过《关于批准设立重庆

① 2012 年新增设三沙市。

直辖市的决定》：批准设立重庆直辖市，撤销原重庆市。重庆直辖市辖原重庆市、万县市、涪陵市和黔江地区，人口3144万人。直辖之初，重庆呈现"大城市、大农村、大山区、大库区和少数民族地区一体"的复杂局面，管理层次为"省—地（市）—区县—区公所（区公委）—乡镇"五级，管理层次多，引发政策、资金滞后效应。直辖不久，重庆即尝试减少管理层级，10年间撤销了万县市、涪陵市和黔江地区三个地市级机构和107个区公所，行政管理层次减少为"市—区县—乡镇"三级，实现了行政层级结构的"扁平化"。重庆还注意划分各级政府事权，理顺政府各部门关系，发挥各个层级的行政效能。按照"管少、管好、管活"和"事权、财权、人权相统一"的原则，划分市和区县的经济社会管理权限，强力推动区县扩权改革。2003年重庆市人民政府发布《关于完善市对区县（自治县、市）财政管理体制的通知》，开启了1994年我国分税制之后的新一轮改革。此次改革根据经济和社会发展水平和财源分布状况，先把全市40个区县分为主城区和郊区两类，注意相关利益分析，确保区县（自治县、市）既得利益不受影响，采用增量调节方式，合理划分各级财政收入，适当提高市级财政收入比重，增加对困难区县（自治县、市）的转移支付规模，逐步实现同类区县（自治县、市）基本公共服务水平的均等化。在财政改革的基础上，重庆加快区县管理体制改革进程。2007年起，重庆实施"三级改革试点"，即"区县放权"、"市级联动"和"乡镇转型"。其中，区县扩权改革，向重庆市着力培育的万州、涪陵、黔江、江津、合川、永川等六大区域性中心城市进行"特别放权"——将市级行政机关的92项行政权赋予这6个区行使，涉及许可审批权、处罚强制权、税费征收权和人事编制权等。6个区域性中心城市获得了相对完整的地级市行政管理权限，以及部分委托的省级经济管理权限，比如外商投资核准权、国有土地出让审批权等。同时把 89 项行政审批权限赋予全市 40 个区县行使，解决了市级部门管理权过分集中的问题，增强了区县统筹本地经济社会发展的能力。2007 年 6 月，重庆成为全国统筹城乡综合配套改革试验区，在城乡一体化进程中获得先行先试的良好契机。

海南、重庆的形成是我国行政区划改革的一种尝试。它们实行的市县分置和权力下放，契合行政区划改革和市场经济发展要求，符合我国《宪法》对地方行政层级三级设置的规定。但是在目前条件下，这一模式在其他省（区）广为推广似乎还存有难度，更多意义是代表改革的未来方向。一是海南省区域面积小的固有省情，给省对县（市）扩权，实行省直管提供了现实条件。二是海南和重庆都是新建立的省市，改变过去的行政区划架构，实行"城乡分治"和扁平化管理模式的改革成本较低，不管是原来的地级市还是县（市），其积极性都较高，减少了建立新模式的阻力。三是海南和重庆模式是中央实行划小省区、增加省级单位数量，进而实施宪法架构下的省直管县（市）体制的一次有益尝试，这种模式至始至终都是在中央的直接指导下进行的，可以说是一种自上而下的行政区划改革，与目前各省、区、市强县扩权的内生驱动有一定差别。

二、不可忽视的问题

以上这些省市，由于经济发展水平不同、所处地理区位不同、区域面积和人口规模不同，在实施强县扩权过程中所处的阶段也各有不同，有的是实施多年，有完整的实施步骤；有的是刚刚起步，还在不断探索中。尽管阶段不同，但都是按照以"地方为主"的高平化趋势着眼并推进的，而且都不同程度地促进了县域经济社会发展，但同时也存在一些潜在的矛盾和问题。

一是扩权过程中存在实权虚扩和实权截留现象，省辖市对扩权县（市）的支持力度不够。省对县（市）的扩权在实施过程中往往遭遇到地级市的干扰，一些地级市"惜权"思想严重，"先放后收、放小不放大、放虚不放实、明放暗不放"的现象时有存在，也即所谓的"两头热，中间冷"和"放权不落地"，使得本应赋予扩权县的权力没有真正放开，本应由扩权县享受的政策没有真正落实。如湖北省"强县扩权"实施近一年后就遭遇"肠梗阻"。汉川市政府2004年上半年公布的一组调查数据显示：在239项"扩权"事项中，落实较好的有87项，占36%；未能落实的99项，占41.6%；缺乏可操作性的27项，占11.5%。大冶市有关负责人指出，"扩权"开展近一年间，大冶真正落实的扩权事项仅106项，72项未能落实，49项则尚未启动或没实际意义，另有11项操作性不强。

二是省直部门在扩权实施中参与性不强，有"事不关己、高高挂起"之嫌。除了省辖市的态度对扩权有较大影响外，省垂直部门和行业管理部门的有效参与，也是扩权真正落到实处的关键。但在实施过程中，省里往往把工作重点放在地级市，加上这些垂直部门和行业管理部门，如土地、金融、工商、税务等各自都有自上而下的一套行政管理体制，扩权政策牵扯到的深度和广度短期内难以解决。同时，省级有关行业管理部门存在着对扩权政策对接不到位问题，缺乏与扩权相关的实施细则和办法，使扩权县不易操作难以落到实处。

三是实施过程中忽视省情特点，实施统一模式，仓促推进，缺乏对强县扩权改革的冷思考。由于我国东中西三大区域经济水平不

一、人文环境不同、自然条件迥异等因素，省情之间差别很大。有的市县之间矛盾突出，恶性竞争；也有市县之间利用各自优势，短缺互补，特别是一些经济发展较好的市，能利用自己中心区位优势，带动所辖县（市）的发展。部分省市在政策制定过程中没有系统思考，忽视地域特色，盲目照搬其他省区"模式"，在政策执行过程中，又急于求成，仓促推进，不能适时调整，从而导致改革浮于表面或流于形式。

四是扩权县（市）与原来隶属的省辖市在管理上有一定程度的脱钩，引起新的矛盾。分权扩权使一些县（市）取得了一定自主权，但大多数扩权县经济管理权、人事权等仍掌握在省辖市手里，这样，扩权县（市）不仅要与省直接沟通，同时还要维护旧"主人"的关系，县（市）主要领导协调任务很重，由原来的"一头协调"变为"两头协调"。

五是有可能造成县域无序开发和重复建设。分权扩权后，县域自主权加大，但受"县、市平级"思想的影响，可能影响生产力布局，出现新的"开发热"和"建设热"，导致各县之间盲目攀比、重复建设，甚至引发恶性竞争，导致资本投入的浪费。

六是有省辖市以设"区"的形式，把所辖县（市）据为自己管辖，变相"吃县"。实施强县扩权后，随着县的自主性增强，市对县的管理权限开始变小，其利益也随之减少。因此，一些地级市就会利用"撤县设区"的形式，扩大其管辖范围，变相把一些县纳入自己管理，"肥水"不外流。近年来，撤县建市基本没有放开，但撤县（市）建区的个案不断增多，背后动因多源于此。

三、预防补救措施

放权扩权存在的问题不可小觑，政府应不断省思，采取预防补救措施。

其一，有区别地加大对一些县（市）的放权扩权力度。建议以制度保障县（市）的各项权益，急需的权限先落实到位。加大对省直单位、行业管理部门和省辖市放权的督查力度，防止出现虚扩和截留等问题。此外，目前多数试点省份仅以"强县"作为得以"扩权"的资质，而非将"强县"作为"扩权"的目标取向，对此，加大对经济薄弱县扩权的研究，为其赶超提供制度保障，同时也为因地制宜、因时制宜、分类制宜，提供实践基础。

其二，处理好中心城市与扩权县的协调发展。经济发达、中心城市化水平高的地区，多年的市管县体制固化了一些县域经济与中心城市之间的分工协作。一味地放权扩权，不一定完全适用于在经济上过度依附于中心城市的县。如使中心城市的经济聚集作用和扩散作用不受大的影响，选择试点县（市）时要综合考虑这些因素，从制度上保证中心城市的稳定发展，使其在区域经济发展中继续发挥作用。

其三，有条不紊地放权扩权。全国农村税费改革试点工作会议强调，"具备条件的地方，可以推进'省直管县'试点。"这意味着不够条件的要等待时机成熟，不可一哄而起，运动式推进，关键是要根据各省省情和市情来决定扩权方式和扩权内容。同时还要遵循市场经济规律，防止扩权后重新出现新的行政割据和狭隘的行政区经济。

其四，加强对扩权县（市）行政权力的监督和约束。扩权后，县级经济管理权和社会管理权在一定程度上失去地级市的有效监督和约束，而地方自身监督又缺乏动力和压力，行政权有可能被随意使用或滥用，导致扩权而不能强县。建议设立专门机构予以督查，如在省一级由相关部门联合成立相应机构，或者进一步发挥地方人大的监督作用，督促所扩权限得以依法、科学行使。

其五，在经济事项、社会事项扩权的同时，还要在人事权上适当地使县与省直接对接，增加县在扩权后对市的话语权。目前，很多省市区在扩权过程中片面强调经济和社会权限，而对行政权的核心人事权按兵不动，使得扩权县在处理与市的关系时左右逢源、犹豫不决。如西部某省在实施强县扩权时提出"五个不变"，其中就有"领导关系不变"和"干部管理体制不变"。当然，改革初期人事上应以稳妥为要，但不能完全按原有体制施行。治人与治事相统一，这里从事管理的核心原则之一，应很好地补充体现。

其六，严格审批省辖市设"区"方案。宪法规定了我国地方行政区划分"省—县市—乡镇"三级，同时，《宪法》第30条第三款又规定了"直辖市和较大的市分为区、县"。当前几乎把所有的省辖市都当作"较大的市"，享有设区的资格（严格意义上是与法律规定不相符的），还有一些省辖市在与县（市）的博弈中，把临近县（市）变为自己的辖区，造成法理上的合法性，从而避开强县扩权和省直管县改革中市级利益流失。因此，国家要加大对市设区的审批力度，防止过度"吃"县。

"扭捏"中的省管县

江苏省管县改革起步较早,但也遇到不小的"梗阻"。

1. 抵触情绪

2005 年 8 月,召开"扩权强县"征求意见会议,会上,各地级市虽然没有提出反对意见,但"普遍兴致不高"。苏州是反应最激烈的地级市之一。在江苏 13 个地级市中,苏州所辖县市实力最强,其中 5 个县市曾进入中国百强县前 10 名。对于苏州而言,实行省管县就相当于抽走他们的精髓,无异于"当头一棒"。

市级政府对于省管县的这种特殊敏感,与其特定历史脱不开干系。江苏是在全国率先实行市管县传统体制的省份。这种历史的惯性诱使地级市加紧对县域地区的控制,到了 20 世纪 90 年代,两者之间的矛盾日益暴露并呈现白热化。

一个典型事例是,县级市江阴曾计划与同为县级市的张家港及靖江合并组建"三江市",试图打造一个横跨长江两岸、坐拥优良口岸的新"武汉三镇"。这一构想也以调研报告的形式交给了省里决策部门。但三个县级市分属无锡、泰州、苏州,谁也不愿意松手松口。最终,"三江市"构想泡汤。

2. 财政突破

构想的泡汤并没有阻止省直管县的改革方向。经过连续研究及各方角力,从 2007 年起,江苏对省管县改革的"全面谋划"最终演变为财政对接的"单边突破"。

提及为何将财政体制作为改革突破口，洋河酒厂的事例引人深思。洋河酒厂本是宿迁市下辖的泗阳县的知名企业。2004 年，为了宿迁市发展需要，泗阳县洋河镇等 6 个乡镇被划归至宿迁市宿城区。由此，泗阳县原本依赖酒厂的县域经济遭遇重创，曾经的苏北第二个财政亿元县，多项经济社会指标竟然一度滑至全省谷底。地级市俨然成为县财政的"抽水机"。

如此现实，促使江苏率先从财政领域实行省管县改革。2007 年 3 月 26 日，江苏省政府印发的相关通知规定，省财政直接管理 52 个县（市），取消"市与县（市）之间往来财政制度"，建立"省与市、省与县（市）财政往来制度"。

赣榆县是苏北连云港市的下辖县，该县已体会到省管县财政改革的实惠。县发改委一位副主任说，去年 11 月国家发改委切割的 1000 亿元新增投资中，他们借助省管县的优势，争取到了"蛋糕"一角。该县的项目得到了国家发改委批准后，一笔来之不易的资金便跳过连云港市，由省政府直接拨付到县里。

3. 辐射效应

2009 年 3 月 27 日，省发改委一副主任，在看过一份报批材料后，对一旁等候的金茂源生物科技公司的办事人员说："没有问题，这个项目应该能通过省里的审批。"果然，仅仅 10 天后，一个投资 4000 余万元的大型沼气发电项目即在赣榆县上马，成为这个"江苏省沼气建设重点县"的又一块金字招牌。这个项目进展如此之快，显然得益于全省扩大县域经济管理权限的政策。

虽然省管县改革已开始，但在许多人头脑中仍装着市级领导的概念，他的每次赴省里报项目、要资金，都会对连云港市的领导有所交代，哪怕只是一个口头汇报。

　　省—市—县，这种中国传统的三级行政体制堡垒，正在一点点被攻破。2009年，在江苏省十一届人大二次会议提出："完善省直管县财政管理体制，进一步推进扩权强县，增强县域经济发展活力"。

　　资料来源：邓益辉：《江苏：扭捏的省管县》，载《中国周刊》2009年第1期。

垂直权力分合

省直管县体制研究

第七章　垂直权力整合的适度分化

　　当前优化垂直权力关系，体现为把偏失的权力从市级抽出，使其一方面在省级层面重新优化整合，另一方面通过权力分化赋予县级政府更多的权力，最终形成少层级大幅度的垂直权力运行空间。因此，垂直权力的分合需要从强县扩权和省直管县两个层面展开。

　　强县扩权与市管县体制改革是行政体制改革的重要内容，是减少行政层次、优化组织结构、构建省直管县体制的重要突破口。理论界对改革市管县体制提出了许多政策建议，出发点是使行政区划和管理体制适应社会主义市场经济发展的需要，提高行政效率，推动区域经济发展，更好地统筹城乡发展。行政区划事关中央与地方关系、条块关系、各级政府职能的合理设定以及未来民主体制、民主成本等重要问题，既要积极探索，有所创新，又要保持稳定，谨慎从事。实行省直管县的改革，从目前的实践来看，必须遵循一定的原则，理顺各种关系，同时，考虑后续巩固和进一步的深化。

一、遵循基本原则

（一）合法性原则

合法性是社会主义法治的内在要求。从某种程度上讲，强县扩权与市管县体制改革是对原有宪定体制的回归，而县级政权权力的扩大不过是利益调整和权力整饬的结果。但这种回归和扩大不能脱离法治的轨道，必须遵守法律规范之要求，符合法律之规定。要贯彻法律优先的原则，放权事项一律不得与法律相抵触。要切实体现《中共中央关于完善社会主义市场经济体制若干问题的规定》的要求和《行政许可法》的规定，凡属公民、法人或其他组织能够自主决定、市场竞争机制能够有效调节、行业组织或者中介机构能够自律管理的，行政机关采取事后监督等其他行政管理方式能够解决的事项，一律取消行政审批；需要经设区市审批管理的，变为扩权县（市）自行审批（管理），报市备案；原需经设市审核、报省审批的，原则上变为由扩权县（市）直接报省审批，报市备案。对国务院有关部门规定须经设区市审核、审批的事项，可采取省、市政府委托、授权等办法放权。

当然，合法性原则的遵循，并非是僵化和机械的。改革开放30多年过去了，一些法律、法规和制度的生成与实施环境发生很大变化，将不可避免地反映在强县扩权和省直管县对于法律制订、修改的需求上。因此，强县扩权与市管县体制改革过程中，在省、县（市）管理体制以及各自权力的约束与保障上，根据环境变量进行法律调整，确认、保障或约束新的利益关系，有利于合法性原则的遵循。目前，省直管县（市）改革中存在的一些问题，在表面上反映了扩权县（市）与省、市对接不好、沟通不畅，或对扩权政策吃不透、用不足、用不活等问题，但在深层次上反映的却是扩权推进过程缺乏相关实施细则和具有可操作性的配套措施，致使应该下放的权限没有下放，扩权政策虚假执行、委蛇执行。因而，在坚持改革合法性原则的同时也要呼吁相关法律制度同步推进、予以保障。

（二）促进县（市）发展原则

改革的初衷和目的是为了合理调整市、县发展关系，促进县（市）发展。所以，改革应着眼于增强县（市）经济社会发展的活力、动力和能力，进一步解放和发展生产力。按照"凡是有利于县（市）发展的权力都应当放下去"的原则，科学划分下放的权力、委托的权力和授权的权力，让县（市）最大限度地自己决定、自行审批。目前，在扩权过程中，一些地级市有抵触情绪，有的甚至公开反对，认为省直管县（市）后，会降低中心城市的地位，降低在全国的影响力，等等。其实，这一认识是短视的。将市和县捆绑在一起形成的庞大 GDP、高财政收入，可能只是装点门面的饰物，赢得的只是华而不实的城市排位和虚名，以此作为反对改革的理由是站不住脚的。科学理性的态度，应当把是否有利于各县（市）的发展是否有利于缩小城乡收入差距，造福人民，作为推进改革的价值取向。短期内看，市县分治可能会影响大城市的一些数据，但换来的是一大批县市的长远发展，所得一定大于所失。

相对于"靠"县的市来说，当然会对县的扩权表示反对。不可否认，在一些发展较为滞后的地区，县级经济社会力量弱小，需要中心城市的吸引、拉动。像海南这样较早实行省管县体制的省份，其省会海口被认为是全省的龙头，地位举足轻重，尤其在整个琼北地区的发展上，其带动作用更加重要。市县关系的本质，归根结底是城乡关系、工农关系。因而，在目标上，"市管县"和"市带县"是一致的。"市管县"体制的动因就是以城带乡、以工补农，其宗旨是一脉相承的。因此放权扩权、省直管县（市）并不否定和排斥"市带县"。根据分类改革原则，省直管县也只有在"具备条件的地方"才能进行改革尝试，对于条件不具备的地区，可以也应该稍作延至，等条件具备了再予以推行，不可一哄而上，否则，可能会有悖于改革初衷，阻碍延缓县域发展。在这一点上，弱县的扩权更需要尊重实际，稳步推进。

（三）合理分权原则

县（市）扩权后，省政府部门主要承担对下级政府及其部门的指导、监督和服务，对社会实施直接管理的行政审批权力要重心下移。要保留中央、省和地级市的专用权，将基层政府能够履行的职权逐级分解，县（市）政府能审批的，市里不再审批；地级市能审批的，省里不再审批。特别是财权上要切实与事权挂钩，逐步改变近几年来行政系统内部事权重心下移、财权重心上移的分权思路，确保县级政府权责利统一，遏制上级政府行为中的机会主义倾向。上级政府不能利用上位权力"与民争利、与县争权"。要遵循市场经济要求和"能放则放"的原则，在大幅度精简政府审批项目的同时，赋予县级更大的审批权、规划选择权和项目自主权。要进一步理顺条块关系，实现以地方管理为主，保证县域经济拥有自我完善和自我修复功能。

目前县一级上划的"条条"较多，还有一部分为"双管"单位。这些部门由于人、财、物权均在上级政府，存在条条利益至上、条条政策优先等现象。县一级在安排部署重要决策时，条条部门相互之间、条条部门与块块部门之间的步调常常难以保持一致，县一级政府"统"的功能不断弱化，耗费大量的时间和精力用于协调其间的利益关系，效率难以提高。对这些问题，县一级有的妥协，有的貌合神离，有的干脆对着干，以致矛盾不断加深。解决这些问题，需要自上而下理顺关系，进一步强化县一级"统"的功能，赋予权责相对应的管理手段。要以立法或制度的形式明确规定省和市、县之间的职责权限，包括省级政府专有权、市县政府专有权、省与市县地方政府共有权，实现省与市县权限划分及其运行机制的制度化和程序化。

总之，要遵循市场经济规律和信息社会"地方为主"的分权原则，让基层享有最大限度的自主权，以增强对公民、社会组织的回应力，让基层政府在政策、决策上更加贴近民众，调动各方面积极性。

（四）因地制宜原则

与促进县（市）发展原则相一致，强县扩权与市管县体制改革应在部分地区先行试点，积累经验，不能一刀切、齐步走。对于经济社会发展水平和市场化程度较高的县（市），如苏南的苏、锡、常和华南的广、深、珠诸市，需要快放、直放、放到位。这类地区是我国经济体制改革比较成功、市场开放程度和经济外向度高、行政改革动力和压力都比较大的地区，而且目前已有不少县级市享受地级市的部分经济管理权力，地级中心城市对县（市）的影响力越来越小。对这类地区的县（市），首先要扩大其经济管理权，并逐步实现与省辖市相同的经济管理权；在社会管理权上，要实事求是，敢于放权，直至享有相适应的权限，以提高其社会、文化建设能力和建设水平。不能只盯着经济管理权，而忽视社会管理权的同步下放、同步跟进。率先在这些地区扩权放权，条件比较成熟，社会震动小。

对于经济欠发达地区的县（市），如苏北的徐、淮、连、盐、宿诸市，以及广大中西部地区城市，也要放权、扩权，但由于城市化、市场化水平较低，需要渐次推进，不可操之过急，应继续加大省市的政策扶持和转移支付力度，消除该地区因滞后放权、扩权所引发的不公平感和相对被剥夺感。与上述地区不同，其经济管理权和社会管理权的放扩步骤和节奏可以也应当有所区别。根据不同区域发展实际，可以先从经济管理权入手，逐步推进；也可以从社会管理权入手，逐步扩大。相应的经济发展权和城乡社会文化建设权也应配套下放，避免引起新的不平衡。

（五）扩权与监管相结合原则

对实施强县扩权、省直管县的环境和条件，虽然前面已做了系统分析，但仍要强县扩权后的同步权力约束问题。绝对权力导致绝对腐败。一管就死、一放就乱，历来是我国简政放权难以跳出的怪圈。同样，县由"市管"到"省管"，在脱离"市管"约束的同时，也减少了市级的监管。在现有考核机制下，县级政府有可能出现更为强烈的趋利性和短视行为，偏离甚至悖离扩权目标。人们有理由担心：将更多的权力授予县级后，减少了层级制约后是否更容易诱发权力滥用和腐败问题。如果仅仅将扩权放权理解为放给县级领导者，那么改革将不可避免地偏离其初始目标。在本质上，强县是目标和价值问题，扩权是手段和方法问题，必须紧紧围绕目标和价值解决好扩权后的权力使用问题，同步做好监管工作。当然，这种监管在承继传统监管体制和手段的同时，更有必要探讨新思路、使用新方法。

二、厘清主要内容

这是扩权放权最重要、最关键的问题。扩权，既要依照法律要求，依法依规放权，又要从实际出发，着眼于县（市）发展，促进县（市）事权、财权相统一的行政管理体制的完善。总的建议是，凡是能下放的权力，都要下放；凡是能尽快下放的权力，都要尽快下放。市对县的经济社会管理权限全部下放到县，省里除法律、法规有明确规定以外的管理事项下放到县，法律、法规规定不能下放的权限可以采取委托授权的方式，由县（市）代为行使。具体内容可分为 5 大类：

1. 计划直接上报。扩权县（市）的国民经济和社会发展年度计划、中长期规划、专项规划以及各业务部门的专业计划，由县（市）有关部门直接向省有关部门上报，同时抄报该县（市）所在地级市有关部门。省有关部门对该县（市）的有关指标单独列目，直接平衡协调。

2. 财政直接结算。（1）实行省—县（市）二级地方政府财政体制，设区的市可不再分享县（市）收入，县（市）收入除上交中央、省部分外，全部入缴本级金库。（2）涉及县（市）财政收支基数和体制上解基数核定、税收返还、转移支付、财政项目资金补助、资金调度等事项，可实行省直管。（3）县市向省级财政报送财政收支月报、预决算的同时报送地级市。（4）按照不挤不占原则处理好省、市、县之间的财政分配关系。按照上一年度地级市从所辖县净得财力，冲抵年度内对该县的转移支付、专项补助和其他经常性补助后的余额为基数，余额为正数的由县每年定额上解到省，省定额补助地级市；余额为负数的，按其绝对数由地级市每年定额上解到省，省再补助县（市）。（5）县（市）政府的财政决算，在接受同级审计部门审计监督的同时，直接接受省级审计部门的审计。建立直接结算体制，有利于省与县（市）之间合理分税，建立省县各自具有主体税种的地方财税体系，为各级政府培育稳定的收入来源，实现县级事权与财权的统一。

3. 项目直接申报。（1）凡不需要国家、省、市出资或平衡建设条件的政府投资项目（不含党政机关办公楼等设施建设），可由县（市）主管部门按照建设程序自行审批；需报送的直接报送省级投资主管部门。（2）企业不使用政府资金投资建设的重大和限制类固定资产投资项目，由县（市）投资主管部门按照有关规定自行核准。（3）申请国家和省资金的企业投资项目，各类科技计划项目，一律由县（市）有关部门向省有关部门申报。（4）投资规模在规定限额以下的或规定以上的鼓励类、允许类项目，县（市）有关部门可向省有关部门直接申报。（5）国土规划、土地开发、重点建设用地，报省政府直接审批。

4. 简化行政审批程序。"盖章要盖一大串，拜佛要拜十八罗汉"，这是人们对当下行政审批陈疴的强烈责怨。要下决心砍掉不必要门槛，尽量减少审批事项，除事关国计民生和法律法规规定的事项外，均可下放或授权给县级审批，扩大县级政府经济社会管理权限。原需经地级市审批管理的，可改为由县自行审批管理，报市备案；原需经地级市审核、报省审批的，实行县直接报省审批，报市备案；对规定必需经省、市审批的，可采取委托、授权等办法放权。同时，项目审批收费也应一并下放或取消。如农用地审批方面，由县级进行实体性审批，报批规费除上交中央外，其余可全部交入县级政府专用账户，以增加土地复垦投入；总投资5000万美元以下的属国家允许类外资项目的审批权都可考虑逐步下放到县级。

5.逐步改变县级领导班子管理体制。与省管县（市）体制相适应，县（市）党政主要领导应逐步转由省级管理，形成与事权、财权和管理权相适应的干部选任机制。要进一步突出县（市）工作的重要地位，用更宽阔视野、在更大范围选拔干部，集中优秀人才到县（市）主要领导岗位任职。还可以打破常规，采取突破性措施，提高县（市）领导干部的政治待遇。对县域经济社会发展快、变化大的县（市）委书记，可以就地提拔担任副厅级职务，并留任现职岗位工作。同时，可保持县（市）班子的相对稳定，赋予县（市）班子更大的组织人事自主权。

三、采取适宜方式

从近几年来各省区推进强县扩权的实践来看，在具体操作中，扩权事项主要采取以下六种方式实施：一是凡属公民、法人或其他组织能够自主决定、市场竞争机制能够有效调节、行业组织或者中介机构能够自律管理的，行政机关采取事后监督等其他行政管理方式能够解决的事项，一律取消行政审批；二是下放权力，减少行政层次，由省与县（市）直接对接，县（市）自行审批（或报省、地市备案）；三是下放权力，县（市）审核，报省审批，报地市备案；四是省以委托方式下放给县（市），由县（市）自行审批，报省备案；五是按照分级管理原则，由省以委托初审权方式下放给县（市）审核，报省审批（或报地市备案）；六是下放或委托给地市审核或审批。

通过对某省在强县扩权中主要事项的统计分析，省发改委、省国土资源厅、省外经贸委、省交通厅等 35 个省级部门，对县（市）扩权的事项共计 491 项。

以第一种方式"取消行政审批"的有 49 项，约占总项的 10%，涉及省发改委、省国土资源厅、省外经贸委、省建设厅、省食品药品监督管理局、省人事厅、省公安厅、省农林厅、省水利厅、省测绘局、省人民防空办公室、省外办、省人口与计划生育委员会 13 个部门。

以第二种方式"下放权力，县（市）自行审批"的有 277 项，约占 56%，涉及省发改委、省国土资源厅、省外经贸委、省交通厅、省地税局、省财政厅、省建设厅、省食品药品监督管理局、省民政厅、省人事厅、省公安厅、省劳动与社会保障厅、省环保局、省工商行政管理局、省技术质量监督局、省粮食局、省农林厅、省文化厅、省广电局、省水利厅、省教育厅、省卫生厅、省科技厅、省旅游局、省测绘局、省人民防空办公室、省民委、省残联、省统计局、省人口与计划生育委员会、省体育局、气象局、省安全生产监督管理局、省新闻出版局 34 个部门。

以第三种方式"下放权力，县（市）审核，报省审批"的有 23 项，约占 5%，涉及省发改委、省国土资源厅、省食品药品监督管理局、省民政厅、省人口与计划生育委员会 5 个部门。

以第四种方式"省以委托方式下放给县（市），由县（市）自行审批，报省备案"的有 47 项，约占 9%，涉及省发改委、省国土资源厅委、省公安厅、省人民防空办公室、省统计局、省安全生产监督管理局、省新闻出版局 7 个部门。

以第五种方式"省以委托初审权方式下放给县（市）审核，报省审批（或报地市备案）"的有 58 项，约占 12%，涉及省国土资源厅、省外经贸委、省地税局、省建设厅、省食品药品监督管理局、省技术质量监督局、省农林厅、省水利厅、省科技厅、省人民防空办公室 10 部门。

以第六种方式"下放或委托给地市审核或审批"的有 37 项，约占 8%，涉及气象局、省安全生产监督管理局、省新闻出版局 3 个部门。

四、确立实施步骤

省直管县体制改革，总体上可以分三个步骤进行。第一个步骤是目前各省的改革试点，即省主要对试点县的财政进行直管，并适当下放经济管理权，但仍维持市对县的行政领导地位。第二个步骤是市和县分治，相互不再是上下级关系，各自均由省直管，重新定位市和县的功能，市的职能要有增有减，县的职能要合理扩充。第三个步骤是市的改革，合理扩大市辖区，调整精简机构和人员。

（一）"放权"

即目前各省的改革试点，主要对试点县（市）的财政进行省直管，并适当下放经济管理权，但仍维持地级市对县（市）的行政领导地位。本着能放则放的原则，绕开或跨过市级部门，直接扩大县的经济社会管理权，扩大行政审批、确认、许可等管理权限。通过减少行政层级，简化行政程序和行政手续，降低行政成本和社会成本，扩大县级权限，有效解决市县两级之间"看得见的管不着，管得着的看不见"问题，实现信息社会所要求的"点对点"服务，使"服务型"政府直接面对管理和服务对象，由其评判行政服务的水平和质量。在这一环节上，除了防止地级市变相截留权力之外，还必须清醒认识到，放权的最终目的不是为了放权扩权，而是最终将权力用于服务地方经济社会发展。因此，还必须谨防县级政府"惜权"。当然，这一点区别于前述讨论的权力滥用。在改革中，县级政府的权力无疑会得到极大扩充，但其扩充后的权力能否用于提高政府服务能力和服务水平，需要通过"县权公开"等制度跟进。

（二）"脱钩"

在条件成熟的地方由省直管县（市），实现县（市）和所在地级市"脱钩"。保留地级市行政级别不变，其主要职能集中于所在城市建设上。县人民政府不再对设区的市人民政府负责并报告工作，省人民政府直接领导县人民政府工作。县政府的各工作部门依照法律或者行政法规的规定，受省人民政府主管部门的业务指导或者领导。市县之间不再有领导与被领导关系。

市县"脱钩"在不同阶段表现出不同的利益关系。改革初期，一定程度上，作为主要的利益出让方，地级市政府在改革大势下，基于自身利益考虑，在可能的范围内，会采取一定的博弈手段。如以"县改区"的名义，直接"吃"掉较强的县（市）；废置或消极执行原有市管县体制下对县的各种配套措施、配套资金等，使"脱钩"县"哑巴吃黄连"，遭受无奈的利益损失。当然，在市的这种抵制冲动下，一些"脱钩"县的利益在短期内可能不仅得不到扩大，反而会受到市的挤压。但从长远来看，走出冲动，理性回归之后，市县之间可以构建一种平等的竞争与合作关系。"脱钩"不过是现行体制和职责上的脱钩，市县之间在二十多年的体制惯性下所形成的千丝万缕的利益关系，尤其是中心城市在多年的发展过程中所形成品牌效应和向心力，不仅不可能在一夜之间斩断，而且可能采取一种更为乐观的态度发挥积极作用，促进二者之间更好地竞争与合作。

（三）"分省"

划小省的管辖范围。为减小改革震荡，方法之一是先在经济发达和地位较高的中心城市实现中央直辖，用增设直辖市的办法划小省的范围。之后，在提高行政效率和服务质量的前提下，综合考虑民族、经济、文化、地理、历史等各种因素的影响，逐步增设省的数量，减缓省级政府的管理压力。

就全国而言，推进强县扩权与省直管县体制改革可以有几种模式：

一是在江苏、辽宁、广东等实行市管县体制较早的省份率先实行省直管县（市）体制。在苏锡常、辽中南和珠江三角洲等匀质性地区取消地级市代管县级市体制，改由省直接管理，使富裕县(市)与设区市享有相同的事权。通过省市向县（市）放权，为中小城市和县域经济拓展更大的生存和发展空间。

二是在少数仍然实行地区行署建制的地区，继续保留现有建制，不再审批新的市管县体制，待条件成熟时取消地区虚级建制，直接过渡到省直管县（市）体制。至 2005 年年底，全国还有黑龙江省（1 个）、贵州省（2 个）、西藏自治区（6 个）、青海省（1 个）、新疆维吾尔自治区（7 个）等五省区保留着总共 17 个地区行署，2011 年减至 15 个。[1] 同时，在我国少数民族较多的省区还存有 117 个民族自治县和民族自治旗建制，由于这些省区经济和文化基础上的特殊性，不可囿于现有体制而对其随便改动。对这些省区实行市管县体制是背离我国宪法精神和民族区域自治法律政策的，实行省直管体制则既合法又符合现代扁平化的管理趋势。

---

① 2011 年贵州省铜仁、毕节地区撤地设市并辖县。

三是对一些已实行市管县体制，但条件不成熟又不能进行省直管县（市）的地区，可暂时维持现状，但应根据中心城市的经济实力，按地域经济联系合理界定和适时调整辖县范围，防止"小马拉大车"现象。

四是对于经济实力已经很强，未来发展潜力较大的县级市，可考虑升格为地级市，将行政层级减少为省市区三级，可借鉴山东的日照、威海，浙江的舟山，江苏的泰州，广东的中山、东莞等市的设置经验，升格一批地级市，如江苏可改江阴、常熟等具有区位优势和经济实力的县级市为地级市等。同时，根据交通原则，按照中等城市相距百公里的大体标准，将具有区位优势的县级中心城镇规划或者调整为地级市，如江苏盐城与南通之间的东台市等，都是比较适宜的城市。通过提升城市等级，一方面减少层级；另一方面为充分发挥城市际间的辐射和带动作用、加快区域城市化进程提供体制支持。

垂直权力分合

省直管县体制研究

第八章 权力有序分合的持续变革

第八章　权力有序分合的持续变革

　　垂直权力分合带来权力重构，这是县治嬗变的核心，也是当前中国行政体制改革的突破口。省直管县，表面上看是省市放权、县（市）扩权，实质上是利益格局的调整。它必将触发财税制度、法律法规、职能范围、干部制度等方面的矛盾和问题。因此在推进过程中，既要有积极探索改革的勇气，又要有稳妥审慎的策略。

一、调整行政区划格局

（一）适度调整省级行政区划

　　取消地级市对县（市）的代管，实施省直接管理县（市），复归或者说落实《宪法》明确的中央—省—县（市）—乡（镇）行政管理体制，省级管理幅度将骤然扩大。要使行政幅度保持一个合理的状态，需要把省级区划单位缩小，或者适当合并某些过小的县，否则无法管理如此多的县（市）。

　　我国省级管理规模和幅度普遍较大，遇到的问题和困难越来越多。多的省份，所辖县（市、自治县）有一百多个。如四川省有

14个县级市、120个县、4个自治县，加上18个地级市、3个自治州，如果全部直管，管辖对象达到159个。河北省有11个地级市、22县级市、108县、6自治县。河南省辖17个地级市、1个省直管市，21个县级市、88个县。如果直管的话，管理对象都超过一百个。辖区县（市）少的省份，如京、津、琼等省市，管辖县（市）本来就比较少，也一直都直管，改革压力并不大。因此，改革压力比较大的在于幅员辽阔、辖县（市）多的省（市、自治区）。

改革省级区划单位，缩小省级管理规模和幅度是从国家宏观层面提出的解决问题的一个方向。参照国际经验，省直管县（市）的有效管理幅度大体应在50个左右。如美国50，日本47，西班牙50，波兰49，挪威、瑞典虽然地域狭小，但中央一级幅度也都在20个左右。我国省级行政区划的形成，有较强的历史文化、地理原因，因此对省级行政区划调整历来有较大争议。早在1941年国民政府就曾拟定缩小省区计划，把原有全国28省区扩大到66个。新中国成立后，许多学者也提出把全国一级行政区划增设到50个左右。

笔者认为，在尊重历史、地理以及体制沿革等前提下，审慎规划、适度调整，未尝不是一个较理想的选择。借鉴中国历史和国外区划的经验，可考虑今后数年或数十年以增设直辖市、划小省等方式逐步增加省级数量，缩小省级管理规模和幅度，以利于发挥中央和省级的积极性，减少和避免地方主义的出现。海南省和重庆直辖市的设立已对这一发展规律作出了较好的诠释。可彰明的结论是，以增设直辖市、划小省等方式增加省级数量，是建立以"地方为主"的扁平化结构，适应信息社会省要求和发展趋势的战略性、基础性改革，宜加快研究推进。

（二）改革地级市设置

正如前面所述，地级市建制既非解决县治问题的"灵丹妙药"，也非一无是处，关键是要对区划状况进行分类，因地制宜采取不同的建构模式。在推进放权扩权及省直管县（市）体制过程中，应理性把握行政生态变化，及时总结经验教训，探索总结改革规律。

改革方向之一，条件成熟的近郊县（市）可以改设市辖区，进一步扩展或预留城市发展空间。可借鉴原江苏锡山市（现无锡市锡山区）、武进市（现常州市武进区）、邗江县（现扬州市邗江区）、铜山县（现徐州市铜山区）、吴江市（现苏州市吴江区）等地的经验，撤县设区，改变市县同城、近城的格局，进一步减少县（市）数量。对于其它适宜改区的成熟县（市），可相机抉择，改为市辖区。这些县（市）改区后，既有利于缩小省级政府的管理幅度，又为中心城市进一步发展提供更大空间，同时也为加快近郊县（市）城市化进程提供有利平台。

案例参考

通州市撤市改区

1993 年 2 月，江苏省南通县撤县改设通州市（县级）。建市以来，经济社会事业发展迅速，全市国内生产总值、工农业总产值和财政收入，均位居苏中各县（市）前列。2009 年 7 月，国务院正式批准原通州市撤市改区，成为南通市的一个区。

南通市 2008 年 GDP 总量超过 2500 亿元。在全国 35 个大中城市中经济总量位列第 26 位。原市区管辖面积为 355 平方公里，通州成为新辖区后，城市面积扩大至 1726 平方公里，市区人口规模超过 200 万，并将成为在国内少有的有江有海的城市。这次行政区划的调整，将有利于南通区域内江、海资源的统一整合，发展具有国际竞争能力的新兴产业，打造江苏与长三角经济增长的新空间，建设长三角北翼区域的中心城市。

增城撤市建区未能如愿

广东增城 1993 年撤县设市，时辖 16 个镇，全市总面积 1741 平方公里，户籍人口 83 万。1999 年，增城撤市设区的规划方案上报广州市、广东省，省、市将增城撤市设区方案上报国务院。2000 年 6 月，国务院只批准了番禺和花都两个市撤市设区成为广州的市辖区。

随着新白云国际机场落户花都区和番禺区，增城撤市设区的愿望更加强烈。此后多年，增城市人大代表向广州市人大递交撤市设区的提案。2004 年 2 月，增城市调整镇级行政区划，把原有的 16 个镇（街）调整为 9 个镇（街），为撤市设区做准备。2005 年 4 月 28 日，国务院正式批复同意广州市行政区划调整方案（主要涉及东山区和芳村区分别并入越秀区和荔湾区，以广州开发区和南沙开发区为依托设立萝岗区和南沙区），增城再次落空。

资料来源：李宪锋《增城撤市建区未能如愿》，载《信息时报》2005 年 5 月 24 日。

改革方向之二，可以将一部分县（市）升格为省辖市。对于一些区位分布合理，经济实力较强，城市化水平较高的县或县级市，可考虑升格为地级市，转市辖为省辖，并遵循"地域相邻，经济互补"的原则将一两个县并入该市，使其成为市辖区。如前文所说的江苏江阴市及邻县、东台市及邻县等，都是比较适宜的升格县市。他们当中有的经济规模很大，远远超过许多地级市；有的地理位置绝佳，处于大城市方圆一百公里左右临界点；有的幅员太大，省里鞭长莫及，且属于跨县市管理的"飞地"类型。将这些县市升格为地级市，同时将经济总量较小、基础相对较弱的县市并入其中，也是解决省直管县（市）后，省直管幅度过大问题的有效途径之一。

（三）夯实县级建制

放权扩权的核心，并不只是县级拥有更大的经济自主权，而是通过财政体制的直管，渐次推进行政结构的"扁平化"，实现政府机构的精简，促使政府职能合理定位，提升对社会经济生活的公共服务水平。放权扩权后，省级管理幅度骤然扩大，有必要适当调整县级区划。

合并部分县（市），扩大县域面积，减少省直接领导县的数量，可以作为改革的一项措施。秦汉以来，我国县的数量一直保持在1000个左右，变化起伏不大。新中国成立后，县的数量上升很快，到2010年底，全国县级行政设置已达2856个（包括县、自治县、县级市、旗、自治旗、特区、林区和市辖区），是秦朝的近3倍，唐朝的近2倍，清朝的2倍多，达到了历史最高点。县级设置过多、幅员过小、县城距离过近，成为我国目前行政区划的一个突出问题。目前，我国已经进入现代化与城市化的快速发展期。从现在到未来的一段时间，城乡人口结构比例将会倒置。预计到2020年，我国的城市人口将达到总人口的60%以上，农村人口将下降到40%以内，且会持续下降。到2050年时，城市人口将达到总人口的 80% 左右，农村人口缩减到 20% 以内。与此同时，交通、通讯越来越发达。行政区划必须顺应社会发展趋势，适当合并部分幅员较小的县，减少县级行政区数量，调整县域管理规模，为城市化提供科学合理空间。

以江苏为例，目前设 13 个省辖市，下辖 27 个县级市、24 个县。省直接管县后，管理的市、县（市）数量为 64 个。建议调整县域行政规划，通过"调整一部分、合并一部分、升格一部分"等方式，减少县的数量，即近郊县改为市辖区，适当合并幅员过小的县，城市化进程较快、综合实力较强的县直接升格为市。按照这一方法，江苏完全有可能将县（市）总数控制在 50 个以内，再考虑到省直管县后省级部门充分放权、管理半径缩小、工作量减少等因素，制约省直管县的管理幅度过宽、可能管不过来的问题将迎刃而解，完全可以确保省直管县行政管理体制的高效顺畅运作。

（四）创新"县下辖市"体制

放权扩权和市管县体制改革，将使我国广域型城市建制有所改变，"市县分治"这种具有世界普遍性的市制渐趋形成。随着县域经济发展和我国城市化战略的推进，县域范围内的城市化问题需要研究解决。是"整体城市化"还是"切块设市"？若整体设市，就会走上类似市管县体制下广域型设市的老路，城市虚化的现象将越演越烈，我国传统基层政区的基石——"县"有可能逐步消失；若切块设市，虽然在地级市设置上有经验，但在县域范围内切块设市还须适应县的综合发展。由于撤县设市基本停滞，市制创新显得更加必要和紧迫。因此，必须寻求新的设市路径。

建议实行"县下辖市"行政区划体制，"即根据各县域的经济水平、空间格局、城镇体系布局、交通网络系统和未来发展前景等条件，按照一定标准，选择县以下个别规模较大、条件优越的乡镇改设为市"[1]。这一设想，有历史经验和国外做法相借鉴。浙江苍南县的龙港镇，江苏吴江市的盛泽镇等经济强镇，其城市化水平远远超过西部县级市乃至地级市，如依然采用乡镇建制，难以适应城市化发展规律，应按城市要求设立行政服务机构[2]。如能在县（市）框架内设置县辖市，不仅有利于形成我国完善的基层政区制度，而且也是最重要的，有利于形成适应中国国情的城镇格局，防止出现更加严重的大城市病。

县下辖市体制，是乡镇政区制度的发展而非替代，乡镇建制仍然是县以下政区的主体，其管理权限可根据县域经济全局发展规划的需要适当放宽。为防止分散化和重复建设，县城不设市，不搞"一地两府"。县城（直属镇）达到一定规模（如10万人）可改镇为街道或街区。具体操作，应借鉴相关经验，总结我国台湾县辖市的经验教训，从大陆的实际情况出发，试行新的行政管理体制。

如果实行县下辖市，在我国城市系列中，就会出现中央政府直辖市、省会城市、经济计划单列城市、较大的市、特区城市、设区城市（地级市）、县级市和县下市7个类别，略显复杂。其实，从隶属关系上看，只有三类，也即：中央直辖市、省辖市、县辖市，只要分类管理，并无大碍。即便在同一层级，我国古代县制早有分等治之的传统，唐朝即根据人口多寡、辖境大小、地位轻重及经济发展水平高低，将政区划分为各种等级，州有"四辅、六雄、十望、

---

① 刘君德：《县下辖市：尝试一种新的政区制度》，载《决策》2005年第4期。

② 消防机构最低设置点是县城，乡镇一级则无设置的法律依据。吴江市盛泽镇是规模超大的纺织城，无消防布点一直是该镇的一块心病，直到2011年，武警盛泽消防中队才特批成立。

十紧，及上、中、下之差"，"县有赤、畿、望、紧、上、中、下七
等之差"。当然，市制创新一定要选择少数经济强镇试点后审慎推
进，防止出现前些年撤县设市一哄而上的现象。有一点是不同的，
有的建议只能在"县"的行政区划中实施，县级市不能实施这种体
制，以免出现市下辖市的问题，有的则认为无须分"县"或"市"，
都可推进。

除此之外，当前许多乡镇财政紧张，机构运转困难，尤其是
经济欠发达地区，问题更加突出。根据历史经验和目前乡镇窘
况，对于经济落后且规模较小的乡镇，撤销建制，取消其政权功
能，改为县级派出机构，减少一级行政层级；对于经济欠发达且
幅员地域较大的乡镇，可适当予以合并，集中建设一些功能相对
集中、方便群众服务的小城镇。

案例参考

台湾的县辖市

县辖市，是台湾省第三级地方区名称，地位与乡、镇相当。
县辖市源于日治时期所设立的市，由于部分（花莲市、宜兰市）
未达省辖市成立标准，其重要性又高于镇，因此1946年创制县辖
市。1950年，新竹、嘉义、彰化、屏东等省辖市并入县，成为县
辖市。

按照台湾"地方制度法"规定，人口聚居达15万人以上未满50万人，且工商业发达、自治财源充裕、交通便利及公共设施完备之地区，可设县辖市；再者，县政府所在地，未满15万人，也可设县辖市（如澎湖县马公市、台南县新营市、嘉义县太保市等）。

截至2012年为止，台湾省共设有17个县辖市，其中以桃园县拥有5个县辖市为最多，其中桃园市人口达41万人，是台湾人口最多的县辖市。反之，嘉义县的太保市人口仅约3.6万人，是台湾人口最少的县辖市。部分县辖市因人口众多且高度都市化，而有自行在辖区内划分行政区的情形，如桃园市、中坜市等。但此种分区仅便于政务推动，不具法理意义。目前接近改制县辖市门槛的乡镇有：芦竹乡（14.1万）、龟山乡（13.8万）、员林镇（12.5万）等。但由于台湾人口成长渐趋缓慢，自树林镇改制后，到2010年8月杨梅镇改制前，曾有长达十年无县辖市改制。故部分镇出现"合并改制"的声音，以突破人口瓶颈。

值得注意的是，这些市均为单纯的市区，市下只设区，区下设里，但是县辖市的区不设公所（不是行政机构）。总而言之，台湾的县下设市（县辖市）、镇、乡，因此有"区市镇乡"之称。市镇乡均设置公所，不设政府。

资料来源：http://zh.wikipedia.org/zh-cn.

（五）探索"新区"模式

1990年4月，党中央、国务院宣布开发开放上海浦东。1992年10月，国务院批复设立上海市浦东新区，撤销川沙县。2000年，浦东新区人民政府正式成立。2009年4月，国务院批复同意撤销上海市南汇区，将南汇区行政区域整体并入浦东新区。浦东新区成为上海市的一个副省级市辖区，面积1210平方公里，占全市五分之一左右。常住人口 412 万。经济总量占全市四分之一以上。2009年 11 月，国务院批复同意天津市调整部分行政区划，撤销天津市塘沽区、汉沽区、大港区，设立天津市滨海新区，以原三个区的行政区域为滨海新区的行政区域。2010 年 5 月，国务院批准重庆设立副省级的两江新区，涵盖重庆市江北区、渝北区、北碚区三个行政区部分区域。2012 年 9 月，国务院批准设立广州南沙新区。① 随着上述新区的出现，还有更多其他级别的"新区"在全国各地纷呈出现。这都有异于以往经济技术开发区模式，他们整合的县域基础、整合模式有所不同，其发展情况也有待实践检验，但新区模式将成为调整行政区划格局和结构模式的重要尝试，对于加大区域资源整合力度、优化总体布局、促进区域经济社会协调健康发展等等，都具有积极意义。

二、府际合作协同

省直管县后，地方政府行政管理格局发生变化。各市、县分别管理本辖区范围内的事务，处于一种平等—协商与合作关系。省里可借鉴国外管理经验，推动组建跨界的区域性协调机构，如城县联盟、都市联盟或相关地方政府联合组织等。着眼建立多层面的合作机制，促使市、县共同致力于完善区域合作机制，深化合作内容，创新合作方式，推动多领域的区域合作。通过推进重大基础设施、产业发展、创新体系和生态环境保护一体化，促进生产要素合理配置和自由流动，逐步形成区域整体优势。

---

① 在此之前还有重庆两江新区、浙江舟山群岛新区、甘肃兰州新区，按照顺序排广州南沙应为全国第六个国家级新区，但南沙的定位与浦东、滨海更相近。

第八章　权力有序分合的持续变革

（一）促进中心城市发展

需要特别说明的是，实行省直接管理县（市）体制，并不是撤销地级市行政建制，更不是降低市级规格，而是按照城市地域化要求和县域发展特点调整其功能，使其遵循市场规律，发挥各自优势。由于实行市管县体制的二十多年间，规划布局是围绕中心地级市展开的，城市对县区已经形成思维惯性和空间依赖，市县分置或者分治，极有可能成为限制城市发展的藩篱，影响城市化进程。因此，放权扩权、推行省直接管理县（市）改革必须兼顾地级中心城市利益，确保其中心城市功能无大的变异。

在新体制下，地级市虽然不再领导县，但还要领导行政辖区。建议继续发挥中心城市在工业集聚、交通畅达等方面的优势，运用好增长极辐射带动作用，最大限度地预留和拓展地级市发展空间。把一些发展势头好、空间受限的地市，如江苏的南京、苏州、无锡、徐州等国务院批准的较大市，可加大推进"撤县（市）建区"的力度，扩大管辖范围，改近郊部分乡镇或县为市辖区。在苏北欠发达地区，放权扩权后城市发展空间不足的问题也可能会像苏南一样逐步显现出来，如苏北五市，人口占全市25%，市区面积占全市面积的16%，特别是盐城，市辖区仅有两个，而下辖县却有7个，市区面积占全市的11%，人口占全市19%。为此，江苏的"撤县设区"工作可南北统筹考虑，加强分类指导，尽可能一市一策，区别对待，稳步推进。在调整区划的同时，改革城市政府机构，将以往广域型治理结构调整为城市型治理结构，集中精力管好城市。

在改革过程中，部分带有县域特点的市辖区往往易成为放权扩权"盲区"。据表1数据统计，2005年江苏苏北五市市区人均

GDP1.97 万元，苏南五市市区人均 GDP5.31 万元，苏北只有苏南的 37%；苏北五市市区人均财政一般预算收入 1119 元，苏南五市市区人均财政一般预算收入 4134 元，苏北只有苏南的 27%。苏北市区经济，包括近几年市区行政区划调整撤县设区的县域经济，虽然纳入了城市总体规划，但产业升级和经济规模扩张能力不强，农业比重很大，城市功能还很弱，在本质上仍属于县的范畴。因此，在放权扩权时，有必要对这些新设区适当关照，保持三到五年的过渡期，为增强城市整体实力、加速推进城市化进程提供支持。

表 1：江苏各省辖市市区主要经济社会指标发展变化（1984～2005）

城市市区	年份	土地面积（平方公里）	建成区面积	年末总人口（万人）	地区生产总值（亿元）	工业总产值（亿元）	地区财政一般预算收入（亿元）
南京	2005	4723		513.39	2235.07	3816.55	202.54
	1989	947		246.90	108.08	160.33	17.84
	1984	867	120	220		87.36	10.92
无锡	2005	1623		228.49	1618.12	2876.87	115.59
	1989	397		91.32	53.55	119.03	11.35
	1984	397	39	82.51		65.44	8.70
徐州	2005	1160		179.88	636.88	724.04	35.76
	1989	172		89.27	32.05	49.00	6.56
	1984	185	46	80.64		31.18	3.44
常州	2005	1864		220.77	981.45	2032.39	79.14
	1989	187		65.82	34.94	84.02	8.16
	1984	94	33	51.26		48.36	5.90
苏州	2005	1650		225.11	1630.49	3352.99	135.86
	1989	178		83.61	40.43	94.21	8.10
	1984	119	33	69.55		44.62	5.79

城市 市区	年份	土地面积 （平方 公里）	建成区 面积	年末总 人口 （万人）	地区生 产总值 （亿元）	工业总 产值 （亿元）	地区财政 一般预算 收入 （亿元）
南通	2005	355		85.36	391.43	616.72	33.76
	1989	121		44.90	22.61	48.88	4.67
	1984	121	21	40.27		28.62	2.96
连云港	2005	898		70.17	216.82	236.76	16.01
	1989	830		50.85	17.99	20.20	2.71
	1984	882	30	44.61		10.91	1.33
淮安	2005	3171		273.21	356.62	404.16	20.33
	1989	347		42.16	13.02	22.12	3.73
	1984	348	23	37.36		12.28	2.03
盐城	2005	1721		152.00	277.28	408.64	14.09
	1989	1726		132.85	23.71	31.97	1.91
	1984	1728	10	123.60		9.91	0.86
扬州	2005	980		115.65	422.56	646.56	28.59
	1989	148		42.78	18.36	30.49	2.03
	1984	147	17	38.22		13.48	1.12
镇江	2005	1082		102.00	389.69	626.32	27.77
	1989	215		44.90	19.74	33.85	2.65
	1984	180	24	39.73		19.15	1.80
泰州	2005	420		63.38	227.78	442.15	18.85
	1989	115		24.96	8.09	17.37	1.34
	1984	45	10	16.30		8.38	0.79
宿迁	2005	2108		154.07	142.26	80.96	6.75
	1989	1748		104.00	9.70	22.12	0.41
	1984	(1743)	0	(94.44)		(3.38)	

注：（1）1985 年江苏省统计局《江苏省各市、县基本情况统计资料》；（2）中国统计出
版社《1990 江苏省市县经济》；（3）《江苏统计年鉴 2006》；（4）泰州、宿迁 1996 年
升格为省辖市；（5）1989 年全部工业总产值为 1980 年不变价。（资料来源：徐元明等：
《江苏省"省直管县"体制改革研究》）

（二）促进县市协作

省直接管理县（市）后，尽管可以从体制上为县域经济发展

放权、赋权、松绑，但是，如果不及时转变政府职能、规范政府运作、改变绩效考评方式，省管县体制下的市县有可能会各自为政，恶性竞争，制造行政壁垒，导致条块分割、地方主义。因此，有必要组建跨界的区域性协调机构，创设一些半官方性质的区域协调组织，加强县与县、市与市和市与县之间的协调与沟通。

首先一个层次是原有地级市内的府际合作。目前，我国承担县与县之间利益冲突协调职能的主要是地级市，这种单一垂直型的政府协调尽管存在很多弊端，但因历史文化、地理、人事关系上的承袭，其作用在许多领域和范围内表现出来。放权扩权、省直接管理县（市）后，原有地级市区域内部的利益关系协调主体会出现暂时性缺位，如果没有相应的组织补位，各种矛盾纠葛和利益冲突将不可避免。从区域经济社会发展来看，地级市对周边县（市）的带动作用，周边县（市）对地级市的支持、拱卫作用也应该继续发挥。因此，建立区域性协调性组织来参与协调十分必要。在这一问题上，建议借鉴美国的大都市区政府协会，法国的跨市镇协商会、市镇联合体、都市共同体、跨市镇合作委员会等市镇联合体，俄罗斯的跨地区协调组织以及日本的特别地方公共团体等社会组织的做法，让其协调一些跨界地区间的利益冲突，提高资源共享性。

其次是跨地市层面的协作。由于经济开放度的提高和社会流动性的加快，被省直接管理的县（市）相对于原有地级市区域会不可避免地出现离心现象。省级政府在直接管理的基础上，应该因势利导，促进新的区域协同发展，提高城乡一体化进程。二十多年来淮海经济区城市间的运行有很多经验可借鉴。建议在珠江三角洲、长江三角洲、环渤海等地区建立一些城市联合体，借鉴

第八章　权力有序分合的持续变革

欧盟理念和运行机制，遵照利益共享共赢原则，定期商讨区域内的重大经济和社会事务问题。这一机制，近年来已屡有出现。如2009年，为进一步提高珠三角区域的版权保护和版权公共服务水平，广州、深圳、珠海、佛山、惠州、东莞、中山、江门、肇庆九个城市签署了《珠江三角洲地区版权协作框架协议》，决定建立珠三角版权工作联席会议制度，联席会议定期在九市轮流召开，就版权行政工作、版权宣传、案件联合查处以及版权服务工作等进行磋商。

在府际合作以及区域协同发展过程中，政府尤其是省、市级政府应该发挥引导作用，在机制体制方面大胆尝试。如新疆维吾尔自治区，自2004年开始实施"乌昌经济一体化"，即在不涉及各自行政区划的前提下，共同构建广泛统一的经济协作区——乌（鲁木齐）昌（吉）经济区，通过协作，促进两地区共同发展。实施乌昌经济一体化战略过程中，自治区党委批准组建了"中共乌鲁木齐市昌吉州委员会（简称乌昌党委）"，两地依然有各自的党委和政府，乌昌党委成员仍是原来两地的党委成员，成立秘书处负责日常事务，在五个县级行政区设工作组。乌昌党委为自治区党委的派出机构，在自治区党委的直接领导下开展工作，对乌昌地区经济社会发展负有领导责任。与此类似的还有湖南省。在长株潭一体化过程中，三市实行同一个规划、同一个财政政策、同一个环保政绩考核标准，甚至同一支环保执法队伍（在省环保局设立长株潭执法大队）。这种体制创新为在更高层面上开展府际合作开拓了思路。此问题非本书论述重点，这里不作深入讨论。

三、公共财税体制

（一）推进省直接管理县（市）财政体制改革

浙江实行市管县体制的二十年多年间，财税结算一直在省县之间进行，并未实行过完全意义上的市管县体制。实践证明，这一举措对县域经济发展起到了极大的推动作用，2005 年的全国百强县评比，浙江夺得 30 席，将江苏的 18 个和广东的 10 个远远抛身后。江苏虽然在前 10 名中占有 6 席，但总数和占比比浙江少了许多。从国外来看，美国、日本等国家都是实行中央与地方、地方与地方的三级财政体制，政府层级少，相互间事权划分明晰，财权相对独立，这对我国的财税体制改革具有一定的借鉴意义。

财政直管是省直接管理县（市）的切入点，也是今后改革的难点。推行省直接管理县（市）财政体制，着眼点在于通过减少管理层次，节约行政成本，提高财政资金使用效率；通过规范财政分配关系，加强省级对县（市）的指导，提高县级财政管理水平和基本公共服务水平；通过财政体制改革，增强县域经济发展活力，为转变政府职能、构建服务型政府提供财力保障，促进县域经济和社会管理创新。

由于"市—县财政管理体制"的影响，省管财政体制在运行过程中还存在不少问题需要解决。主要表现在以下几个方面：一是在一定程度上保留了原有体制市级既得利益，用于均等化转移支付的资金总量偏小；二是转移支付资金分配办法客观性、规范性不足，人为因素影响较大；三是实行省管县财政体制增大了省级管理幅度，给省级财政增加了压力，需要处理的事务量剧增，行政成本明显增加；四是实行省管县财政体制使市级政府和财政的积极性受到一定影响，有的地方市级事权与财权不对称问题突出；五是县（市）财政管理水平还难以适应省管财政的要求。

为实现改革目标，首先应该合理界定各级政府间事权、财权，建立与事权相对应的分税制财政体制。厘清市县间的行政职能关系，在省政府的统一部署下，划分市县间的行政职能，明确市县的财权和事权，特别对区域性公共管理事务的支出责任要有财权和财力作保障。省管财政后，市级财政收入受到较大影响，但在事权责任上可根据市级经济发展水平来确定，市对县帮扶能力强的可适当扩大市级事权；在财政收入受到重大影响的，适当缩小市级事权的承担范围，省财政也可根据实情予以补助，缓解省管财政体制后市级财政不足。对市区以外的事权，如农村义务教育、计划生育、跨区域道路建设、农村基础设施建设等，由各县负责，省在资金上予以补贴。

在事权明晰的基础上，调整财政体制关系，提高各方参与改革的积极性。市财政对县财政不再具有监督指导等职能，划断市县之间财政上的联系，取消市对县的财政配套，取消县对市的财政上解。将上划中央"两税"返还、所得税返还、出口退税返还数额由省直接核定到县，专项拨款专项资金和转移支付补助直接分配到县，切实增加县乡财政收入。保持各地级市、县（市）分税制财政体制和政策规定范围内的合理既得利益，明确省直管县财政管理体制范围，原实行省对市的财政体制不变；原市辖区及由县（市）成建制改成的区纳入市财政直接管理；县（市）实行省直管财政体制。改革财政预决算制度，取消市与县（市）之间的现行预决算制度，建立省与市、省与县（市）之间的财政预决算制度，市、县（市）各自确定收支预算，直接向省财政报表。取消市与县（市）之间的财政往来制度,建立省与市、省与县(市)之间的财政往来制度,在财政收入报解、专项资金下达、资金调度等方面实现省与县(市)直通。根据"一级政府、一级财政、一级事权"的要求,明确市级与县(市)级财政支出责任。

完善现行转移支付制度。规范转移支付资金分配方法,解决分配中的人为因素,以中央对地方转移支付制度为蓝本,结合各省实际,推进省以下转移支付法治化建设,使转移支付有法可依。市不得利用强势地位截留、集中县级财政收入和资金。财权与事权应对等,省级在对县(市)安排项目资金或出台政策时,不强求市级配套,省财政加大转移支付力度。增加对县乡财政的一般性转移支付,逐步提高县级财政在省以下财力分配中的比重。在目前现有转移支付形式下,可形成以"均衡拨款"与"专项拨款"并重的过渡性转移支付制度,并逐步扩大一般性转移支付规模,扩大县级自主权,促进财力与事权相匹配,实现地区基本公共服务均等化。对于某些特殊项目,则可采用专项拨款的方式作为补充,但应改革现行以地方资金配套的惯例,防止经济薄弱县资金缺乏而使急需的项目流产。

加强对基层政府的财政监督,建立民主科学理财机制。在省管财政体制下,县级政府经济管理权限加大,如何有效监督约束县级政府财政行为,是关系到省管县财政体制改革成败的关键问题。建议利用地方人大、其他监督部门和社会的力量,对基层政府的财政行为进行监督,重大财政行为可采取听证会、社会参与等民主形式进行决断,同时,在既有政务公开的基础上,建立和完善财务公开制度。

（二）建立县级基本财力保障机制

固本强基，基本在县；强县扩权，强在经济。建立县级基本财力保障机制，有利于增强基层政府提供基本公共服务能力，有利于基层政权的巩固。现行分税制体制弊端较多，若不加以规范，即使减少财政层级，实行省管财政体制，也无法理顺市县政府间的财政关系，无法从根本上消除县级财政困难，更谈不上成功改革市管县行政体制了。

构建科学的地方税体系，必须理顺省市县三级政府间的税收关系，确保县级财税来源。第一，应由中央来设计一个全国性、规范化的省以下分税制财政体制方案，各省在这一框架下有区别地去实行。这一方案应在合理划分地方各级政府职能的基础上，遵循财权与事权相对等的原则，根据各税种特点，采用按税种划分收入的规范办法，划分省以下各级政府的税收收入。第二，保留一定数量的共享税，实行同源课税、分率计征的方式，使各级财政收入都能够随着经济的发展而稳定增长，使共享税成为地方各级财政的辅助甚至主体税种。第三，按照一级政府既强调本级财政，又重视辖区财政，即"双重财政平衡"的原则，进行财税分配改革。省市政府除了维持本级财政平衡外，还应承担辖区和跨区财政责任。当前农村税费改革造成的县乡财力支持不足，以及县乡公共设施缺乏等问题，就是这种财税体制不到位造成的。第四，继续扩权强县，依法赋予经济发展快的县（市）在投资审批、工商管理、社会治安等方面的行政管理权限。支持发展乡镇企业，加大技术改造投入，促进产业集聚和升级。

（三）推进"乡财县管"和"村财乡管"

县以下财政问题不容忽视。在农村税费改革之后，有的乡镇几无财政来源，负债数额大；有的乡镇财政管理混乱，专款难以专用。当下须加快推进乡镇机构改革，完善"乡财县管"、"村财乡管"改革，增强县乡社会管理、公共服务职能。

"乡财县管"，即以乡镇为独立核算主体，由县级财政部门负责管理乡镇财政资金并监督使用，使乡镇财政资金所有权、使用权与管理权相分离。"乡财县管"有利于加强县乡财政对涉农资金的监管，防范资金挪用。2006年，山西省财政厅在全省16个县开展"乡财县管乡用"财政管理方式改革试点，2009年试点县总数扩大到81个，占全省总数的68%，效果显著。"乡财县管"，管不是目的，关键是要通过统筹，逐步建立资金稳定、管理规范、保障有力的乡村级组织运转经费保障机制；积极稳妥化解乡村债务；扩大农村公益事业财政奖补试点，加大对与农民利益直接相关的农村公益事业建设的支持。

囿于村级组织属性，"村财乡管"不同于"乡财县管"。"村财乡管"制度是坚持村组集体资产所有权，资金使用权、财务审批权、民主监督权不变的前提下，按照村民自愿、依法委托原则，在各乡镇会计核算中心设立村级财务核算组和村组资金管理组，分别代理村级财务和资金管理。"村财乡管"的主要目的在于帮助村级组织解决会计人才缺乏、村务公开信任度低的问题。实行钱账分离的农村财账"双代"制度之后，村民委员会、村民小组的资金、账目交由乡镇管理，各村民委员会、村民小组不再设立会计机构，只设一名报账员，负责本村民委员会、村民小组的资金、资产、单据等财务管理工作，村级资金由乡镇代理。

安徽省的改革试点

1. 预算共编。

县级财政部门提出乡镇财政预算安排的指导意见，报同级政府批准；乡镇政府根据县级财政部门的指导意见，编制本级预算草案并按程序报批。在年度预算执行中，乡镇政府提出的预算调整方案，需报县级财政部门审核；调整数额较大的，需向县政府报告。

2. 账户统设。

取消乡镇财政总预算会计，由县财政会计核算中心代理乡镇财政总会计账务，核算乡镇各项会计业务。相应取消乡镇财政在各银行和金融机构的所有账户，由县会计核算中心在各乡镇金融机构统一开设县财政专户分账户。分账户设"结算专户"、"工资专户"、"支出专户"三类。乡镇所有预算内收入、预算外收入、上级部门补助收入等先缴入"结算专户"，其中应上解财政收入再通过"结算专户"上缴县级国库。乡镇所有工资性支出通过县级国库或"结算专户"拨到"工资专户"，专门用于乡镇人员工资和民政定补人员补助的发放。工资以外的其他支出通过县级国库或"结算专户"拨到'支出专户"，由乡镇按规定开支。

3. 集中收付。

收入管理程序：乡镇财政预算外资金全部纳入预算管理，各项财政收入就地缴入县乡国库，由县财政会计核算中心根据乡镇收入类别和科目，分别进行核算。支出拨付程序：以乡镇年度预算为依据，按照先重点后一般的原则，优先保障人员工资。对工资性支出，根据年度预算每月从县乡国库或"结算专户"直接拨入"工资专户"，并委托银行统一发放。对乡镇机关事业单位的公务费支出，先由财政所提出用款计划，经乡镇领导签批后报县会计核算中心，由县会计核算中心根据预算额度从县乡国库或"结算专户"拨付到"支出专户"，由乡镇按规定使用。为方便乡镇及时用款，各地可建立公务费支出备用金制度。对村级的财政补助资金，由县乡财政部门拨入村级资金专户。对农业税附加等属于村级收入的资金，进一步推行和完善"村财乡管村用"制度，由乡镇财政部门、经营管理部门负责加强审核监督，确保村级资金专款专用。

4. 采购统办。

乡镇各项采购支出，由乡镇提出申请和计划，经县会计核算中心按照预算审核后，交县采购中心集中统一办理，采购资金由县会计核算中心直接拨付供应商。

5. 票据统管。

乡镇使用的行政事业性收费票据、农业税税收凭证等，其管理权全部上收到县级财政部门，实行票款同行、以票管收，严禁坐收坐支，严禁转移和隐匿各项收入。

资料来源：《安徽省人民政府公报》2003 年 11 期。

四、干部管理体制

我国干部制度实行干部下管一级，省管市，市管县，县管乡，干部晋升也大体依循这样的路径。县以下职员多、职位少，职级空间狭小。县乡干部一方面要经历多层级锻炼；另一方面又过早面临着职业"天花板"。一名大学毕业生到乡镇参加工作，要历经试用期、科员、副股级、正股级、副科级、正科级、副县级、正县级等必经层级，以及按照规定交流、轮岗、多岗位锻炼等必经程序，再加上任期、届别交替期（担任县乡领导职务，任期内一般不得调整）、学习培训等时间消耗，要临近退休才能到正县级。这尚属幸运，大量公务员终其一生，只能在科级以下退休。现在有这种现象，一方面希望大量省部级干部来自有县级工作经历的基层干部队伍，另一方面又强调干部的稳定和任职的年限规定，鉴于县乡党政干部晋升通道狭窄、单一、缓慢，因此，绝不能按回旋余地大的国家机关管理办法来管理，应给予他们更多的特殊关心。在现行体制下，建议这显然是做不到的。

通过下放干部管理权限与提高县乡干部待遇双管齐下的办法加以解决。

其一，在县市扩权过程中，市级要释放市管县体制下的管人、管财、管事"三位一体"模式中的干部管理权。县级班子主要领导由省依法直接管理，县其他干部由县管理，省负监督检查权。

其二，逐步改变当前县级主要领导在市委常委中任职的格局，县（市）主要干部的级别不能以在地级市委中的位置来衡量。在保持所在区域职级总量不变的前提下，可适当将上级机关职级往下分解转移。如根据干部的能力和县的大小做些调整，对一些成绩突出的干部级别提高一级。广东早在2005年就提拔一批县委书记为副厅级干部，开创全国先河。湖南省也有类似做法，也有的通过提高政治待遇来激励干部，如江苏省选拔昆山等9个县（市）的书记进入省委委员和候补委员序列。在提高县主要领导干部政治待遇的同时，乡镇干部也可以高配，适当拓展其职业流动空间。

其三，对在改变干部管理体制过程中引起的跨区域事权协调问题，可建立临时区域性协调机构，或由省行业管理部门进行协调解决，从而化解由干部管理体制改革后引起的跨区域事权决策迟缓、执行不力和监管不到位的问题。

其四，建立完善从基层选拔培养干部链。与基层干部不同，中央以及省部级机关公务员普遍缺乏基层工作经验，大量"三门"（家门、学校门、机关门）干部制定政策，从事宏观管理。基层干部面广量大，是中高级干部的重要来源，要"建立来自基层一线的党政领导干部培养选拔链"，坚持和完善从基层一线直接选拔干部制度，树立注重从基层遴选干部的导向，推动上下干部双向流动。

五、党政机构改革

（一）科学配置省对县（市）管理权限

省直接管理县后，省对县的管理不再延续市管县（市）模式，不再照搬市对县（市）管理职能和管理方式，而是按照深化行政管理体制改革要求，合理配置省对县（市）的管理权限，确保县享有与省辖市相同的经济社会管理权，包括计划管理、经费安排、税务办理、项目申报、用地报批、证照发放、价格管理、统计报送、政策享有、信息获得等各个方面。要改革省对县的管理方式，扩大县级政府的管理自主权，由县级行政单位自主解决具体事务，使其成为一级功能完善的行政主体。推进省直管县改革，不能削弱城市的发展，要发挥市、县比较优势，加快推进中心城市发展，促进中心城市和周边县域优势互补，推动市县共同发展。改革后，省一级政府进一步强化区域经济调节职能，科学制定区域性的经济社会发展规划，加大经济和社会政策的统筹协调，创造公平、公正、公开的竞争环境，打破地区和条块分割。市一级政府的管理职能转移到城市规划、经济发展、社会管理和公共服务上来，不再管理所辖县的事务，集中精力发展和治理城区。县一级政府要专心发展和治理乡村，加强农村基层政权建设，逐步发展小城镇，促进农业的专业化、市场化、现代化。这样，才能有效解决政府职能"上下一般粗"、工作方式趋同、行政资源浪费等问题，使省、市、县政府职能各有侧重，重点突出，责权统一，相互补充。

（二）调整省、市、县组织机构和编制

根据职能调整和权责变化，合理调整省、市、县机构设置和编制配备。省有关部门工作任务增加的，可适当充实人员，涉县管理任务大幅度增加的，也可增加相关内设机构；市应根据工作内容和工作要求的变化，撤销涉县管理机构，对现有机构及人员编制进行合理调整，强化城市管理和社会事务管理等职能，富余人员可将编制转配到需要加强的部门，也可适当调剂到省、分流至县和基层。县宜适当增加市场监管、社会管理和公共服务部门的编制配备，但不能要求与省上下对口。由于地方各级政府重复管理、交叉管理局面得到改变，省、市、县政府的人员编制数应较目前中央核定数有所减少。

六、垂直部门管理

"垂直"管理是相对于分级管理（即属地化管理）而言的。这里使用的"垂直"是狭义的，与本书使用的广义的"垂直权力"不同。实行属地化管理的政府职能部门，通常接受地方政府和上级部门"双重领导"，上级主管部门管理业务方面的"事权"，地方政府管理"人、财、物"。同时，政府职能部门还要接受同级纪检部门和人大的监督。实行垂直管理的政府职能部门则不在地方政府管理序列，不受地方政府的监督和约束，其"人、财、物、事"直接由省级或中央主管部门统筹管理，不受地方党委政府节制。垂直管理部门的一个重要特点是垂直性和相对独立性。

在我国，海关、工商、税务、烟草、交通、盐业、土地、质检、药监、出入境检验检疫、边检、气象、国家安监总局（国家煤监局）、国家统计局各直属调查队等部门的中央或者省级以下单位实行垂直管理。银监、证监、保监、电监等也实行系统垂直管理。另外，还有检察院、法院等相对独立的司法机构。一般来说，实行垂直管理的目的是使政府职能部门从地方各级政府序列中分离出来，实现政府职能部门"人、财、物、事"等的相对独立，避免地方政府或下级政府干预职能部门的事权，防止出现地方保护主义，同时用更高、级的行政权力来垂直制约职能部门滥用权力，提升中央对地方的宏观调控能力。土地、金融、税务等垂直管理部门是一级政府履行职能的重要载体，也是确保事权、财权统一的重要保证，在地方经济发展中具有举足轻重的影响。垂直化管理形成了一套完整的自上而下的行政管理体制，割裂了一级政府完整的权力体系。有概括为，留下了无限责任，收走了关键权力。有的部门，县里看得见，管不着。

据 2010 年 7 月 16 日《南方日报》报道，2010 年 7 月 15 日，东莞市领导干部会议进行分组讨论。东莞市主要领导参加讨论，列入该组的 36 个单位只有 9 个单位的一把手与会。这种现象在其他省区市也很普通。垂直管理部门常抱有"地方对我奈何不得"的心态，只畏权只唯上，将垂直管理作为与地方脱节和免除义务的借口。

　　放权扩权必须深入研究垂直部门的权力配置问题，大力推进垂直管理部门改革，凡能改为块块管理的，应一律改为块块管理，条件特殊的可条块结合、以块为主；对于不能改革的，宜对其权利和义务做出明确规定，不能任意扩大。建议按照"简化程序、提高效率、服务经济、条块共管、发展县域"的原则，对必须保留的"垂直管理"部门的定位及其运作按照市场经济规律进行必要调整，给予地方更大的调节权，消除行政权力条块分割对县域经济社会发展的负面影响。诸如：给县级金融部门在授信规模、审批额度等方面更大权限；电力、电信、烟草、盐业等垂直行业，既垄断经营，又垄断利润，应本着"取之于民、用之于民"的原则，对其收益进行必要调整，把留余资金用来补贴县级财政，使其更好地反哺农村、农业和农民。

七、企事业单位改革

　　"目前县级财政收入只占全国的21%，财政供养人员却占到全国的71%"[1]，财政供养人员除了公务员之外，大量存在于县级企事业单位（如学校、医院）。实施强县扩权需要推进县域企事业单位等综合配套改革，这既是扩权强县深层次推进的保证，也是巩固扩权强县成果的关键。

　　在县域内，由于机构改革人员分流衍生出的事业单位，数量比较多；也由于县以下直接面对社会大众，存在大量兼具公共管理和社会服务职能的事业单位。以农业口为例，有的县有县委农工部、县政府农委、农业局、农机局，还有的设有果业局、渔业局、林业

---

　　[1]　张占斌：《省直管县体制改革的实践创新》，国家行政学院出版社2009年版，第141页。

局、园林局、花卉局等属于大农业范畴的专业局以及农业开发总公司之类国有公司，这些机构有的属于公务员机构，有的采取"参公"管理，有的则是事业单位，还有的是企业形式，种类繁多，职责交叉，效能发挥普遍较差。县级行政事业单位纷纷到乡镇设站设点，乡镇"七站八所"不足为怪。这类行政事业单位服务对象不清，甚至自我服务。"人头费"就足以让县乡财政不堪重负，养人罚款，罚款养人。县域内的学校、医院，也常被当作政府的一个部门，高度行政化，疲于应付"上级"任务，难以独立自主开展教学、医疗服务。

企业的市场主体地位受到限制。行政管制往往沦为权力设租寻租的工具。虽有《行政许可法》，但政府往往把许可事项改头换面，扩大原有的行政许可或设立新的行政许可，继续"设租"、"造租"、"占租"。"看不见的脚"踩住"看不见的手"。县域企业也经常被当作政府的下属，无论国有企业，还是私营企业，都被摊派各类任务，安排人员就业。同时，地方经济过度依赖行政。地方政府出于对经济增长的片面理解和 GDP 崇拜，单纯招商、"抢商"推动地方经济发展，不按市场规律办事，县域企业无以适从。县域内的各类中介组织、行业协会，也普遍遇到这类问题。

以上县域问题的根源在于政府习惯沿用简单的行政管制手段去解决经济社会问题。强县扩权意义之一就是调整政府与市场主体之间关系。解决问题的核心在于按照政企、政事、政社分开原则，合理界定政府职能范围，进一步转变政府职能；积极稳妥地推进国有企业和事业单位改革，发挥企业改制和事业单位改革在增强县域经济发展动力、提升竞争力方面的作用。

扩权后的县（市）必须淡化权力意识，使扩权成为政府转变职能的动力，用足用好下放的权限和政策，努力打造服务政府、责任政府、法治政府。要把能放的权限尽可能地放给乡镇、企业、市场和中介组织，让市场机制发挥配置资源的基础性作用。同时，切实承担起政府的公共服务职能，在完善就业服务体系、社会保障体系、弱势群体救助体系上下功夫。当然扩权也要扩责，确保下放的权力能用在使用的领域和客体上。

八、县权扩大与监督

县作为我国基础的政权组织，其权力"临土临民"，是国家公器的执行端，作用和意义重大。近年来，通过一些监管部门上收、分割、约束了原属于县的一部分权力，省直接管理县（市）之后，县权进一步扩大，规范权力使用被提上议程。为此，省有关部门要切实加强对县域权力运行的监督制约，防止其滥用权力，避免出现"一放就乱"的局面。加快制定与省直管县体制相适应的法规规章，建立相应的权力运行和监督制约机制。规范行政执法，严格按照法定权限和程序履行职责，建立健全权责明确、行为规范、监督有效、保障有力的执法体制，规范行政自由裁量权，全面落实行政执法责任制。健全行政复议体制，加强行政应诉，完善行政补偿和行政赔偿机制。以强化责任为核心，建立健全政府运行和管理的各项制度，坚持用制度管权、管事、管人。推行政府绩效管理和行政问责制度，做到有权必有责、用权受监督、违法要追究，切实增强政府执行力和公信力。增强决策的透明度和公众参与度，依法尊重县人大的地位，进一步发挥县人大的作用，使其切实增强对县级行政的监督和约束力度，确保公共权力在阳光下运行，确保多一份权力就多一份责任，使县级政府成为法治政府、责任政府。

县委书记被视为"中国权力最大的官员"，这一职位也成了近年来腐败重灾区。这其中有官员被"妖魔化"的倾向，更多的则是权力不透明，带来老百姓的"联想强迫症"。县委权力公开透明运行，是规范权力行使、强化权力监督、从源头上防治腐败的重要举措，对于发展党内民主、推进党务公开，在县一级建立健全决策权、执行权、监督权既相互制约又相互协调的权力结构和运行机制，具有重要意义。县委必须在政策法律的范围内管权、管事、管人；厘清县委全委会、县委常委会及其成员、县委各职能部门的职责和权限，抓住决策、执行、结果等主要环节，找出各环节的风险点，编制并公布权力运行流程图；以公开栏、广播电视、报刊、互联网等形式，把重大决策、重要人事任免，涉及民众切身利益的重要事项等全程化地公开；强化监督，要把党内监督与人大法律监督、行政监督、司法监督、政协民主监督、社会监督结合起来，形成县委权力运行全方位监督体系，让权力在阳光下运行。

在推进强县扩权、省直接管理县（市）改革过程中，中央、省对县域的管理将更多是宏观管理，对微观问题可能无力过问。省直接管理县（市）之后，在县委权力公开的基础上，还要继续加强县域其他权力的监督管理，避免出现权力监管真空地带，避免一些部门"看起来谁都在管，其实谁都没有管"。尤其在权力异动到重构的过程中，实现垂直权力的有序分合必须将权力监督与权力配置同时考虑、同时部署、同时考核。在县（市）媒体普遍不够发达的情况下，省市媒体要加强对县（市）的舆论监督，体现信息化时代对权力监督的力量价值。

主要参考文献

一、主要参考书目

1. 胡伟:《制度变迁中的县级政府行为——对 A 县个案的分析和研究》，中国社会科学出版社 2007 年版

2. 暴景升:《当代中国县政改革研究》，天津人民出版社 2007 年版

3. 叶维钧、潘小娟:《中国县级政府机构改革》，社会科学文献出版社 1996 年版

4. 荣敬本等:《从压力型体制向民主合作体制的转变——县乡两级政治体制改革》，中央编译出版社 1998 年版

5. 谢庆奎等:《县政府管理——万宁县调查》，中国广播电视出版社 1994 年版

6. 李亚华:《中国市县经济问题报告——从赤壁看市县政府经济职能》，海南出版社 2003 年版

7. 刘德厚:《当代中国县政发展——县政体制改革与增强县政

活力研究》，武汉大学出版社 1988 年版

8. 沈荣华：《中国地方政府学》，社会科学文献出版社 2006 年版

9. 王圣诵：《县级政府管理模式创新探讨》，人民出版社 2006 年版

10. 何显明：《省管县改革：绩效预期与路径选择——基于浙江的个案研究》，学林出版社 2009 年版

11. 任进：《中欧地方制度比较研究》，国家行政学院出版社 2007 年版

12. 张占斌：《省直管县体制改革的实践创新》，国家行政学院出版社 2009 年版

13. 周振鹤：《中国历代行政区划的变迁》，商务印书馆 1998 年版

14. 阎林：《政府组织结构与经济发展》，社会科学文献出版社 1999 年版

15. 陈小京：《中国地方政府体制结构》，中国广播电视出版社 2001 年版

16. 汪宇明：《中国省区经济研究》，华东师范大学出版社 2000 年版

17. 王浦劬等：《经济体制转型中的政府作用》，新华出版社 2000 年版

18. 刘君德等：《中外行政区划模式比较》，华东师范大学出版社 1996 年版

19. 中国行政区划研究会：《中国行政区划研究》，中国社会出版社 1991 年版

20. 浦善新：《中国行政区划概论》，知识出版社 1995 年版

21. 吴俊杰、张红等：《中国构建和谐社会问题报告》，中国发展出版社 2005 年版

22. 周志忍：《政府管理的行与知》，北京大学出版社 2008 年版

23. 魏光奇：《官治与自治：20 世纪上半期的中国县制》，商务印书馆 2004 年版

24. 赵树凯：《乡镇治理与政府制度化》，商务印书馆 2010 年版

25. 杨宏山：《府际关系论》，中国社会科学出版社 2005 年版

26. 朱光磊：《现代政府理论》，高等教育出版社 2006 年版

27. 薛立强：《授权体制：改革开放时期政府间纵向关系研究》，天津人民出版社 2010 年版

28. 薄贵利：《集权分权与国家兴衰》，经济科学出版社 2001 年版

二、主要参考论文

1.[美] 石约翰：《封建、郡县与中国历史传统》，载《安徽史学 2002 年第 3 期

2. 闫恩虎：《中国传统县制的历史分析》，载《社会科学论坛》2010 年第 16 期

3. 刘尚希：《从县财政困难看现行财政体制的缺陷》，载《苏州论坛》2007 年第 12 期

4. 蔡春梅、李应宝：《财政"省直管县"的运行和利害》，载《市县领导参阅》2007 年第 7 期

5. 陈国栋、周海：《财政省管县完善侧重面》，载《市县领导参阅》2007 年第 7 期

6. 吴海峰:《河南强县扩权三年反思》,载《决策》2007 年第 3 期

7. 孙雷:《"十一五"大趋势:财政省管县》,载《21 世纪经济报道》2005 年 10 月 24 日

8. 刘君德:《理性认识和推进"强县扩权"》,载《决策咨询》2004 年第 7 期

9. 刘君德:《县下辖市:尝试一种新的政区制度》,载《决策》2005 年第 4 期

10. 张占斌:《强县扩权与省直管县——析中国政府层级改革两思路》,载《学习时报》2005 年 8 月

11. 袁建岐:《"强县扩权"与政府管理层级重构》,载《中国改革报》2005 年 10 月 26 日

12. 傅光明:《论省直管县财政体制》,载《财政与发展》2006 年第 1 期

13. 浦善新:《现行省制研究有待深化》,载《中国社会报》2007 年 10 月 22 日

14. 郑为汕:《省级行政区划改革的主要难点探析》,载《理论探索》2003 年第 6 期

15. 李坤:《完善省管财政体制的思考》,载《学术探讨》2007 年第 4 期

16. 葛剑雄:《尊重历史立足现实》,载《江汉论坛》2006 年第 1 期

17. 万昌华:《论郡县制度的嬗变与实质》,载《齐鲁学刊》2002 年第 5 期

18. 李文良:《西方国家行政区划改革特点之分析》,载《国际

关系学院学报》2009 年第 1 期

三、其他资料

1.《中共中央关于制定国民经济和社会发展第十二个五年规划的建议》

2.《中共中央国务院关于 2009 年促进农业稳定发展农民持续增收的若干意见》

3. 财政部《关于推进省直接管理县财政改革的意见》（财预[2009] 78 号）

4. 江苏省人民政府《关于实行省直管县财政管理体制改革的通知》

5. 金德万：《省管县财政体制如何进一步完善》（湖北省省管财政调研报告）

6. 新华社成都 2010 年 6 月 7 日电，记者刘铮：《重大体制攻坚——全国统筹城乡综合配套改革试点综述》

7.《县市的发展需要哪些自主权》课题组：《县市的发展需要哪些自主权—湖北省强县扩权运行状况的调查与思考》

8.《江苏省及各市县区划编制规划报告》（内部资料）

9. 外交部、国家发改委、国家统计局、民政部网站相关统计资料；中国行政区划网、中国县域经济网、新华网、中国国情网等站

后　记

　　20世纪90年代，笔者即着手地方政府间关系特别是市县间的权力关系研究。其间，两受国家社科基金项目资助，公开发表了一些阶段性成果，呈报了一些政策性研究报告，"构建省直接管理县市的行政管理体制"之表述，被写入重要文献，为推进纵向垂直权力调整、理顺地方政府间关系、构建以"地方为主"的行政管理体制，做了一些基础性研究。因工作需要，笔者离开教学科研岗位已近六年，但对垂直权力关系问题的研究始终难以释怀。利用参与决策咨询和学术活动之机，笔者持续多维度地审思垂直权力的变化规律，探寻权力增减与经济社会发展之关系，考量不同改革向度下的利益博弈及社会心理变化，并将这些心得加以整合，命之为《垂直权力分合——省直管县体制研究》，交由人民出版社出版，权作对这一问题研究的一个小结。

　　拙作在撰写过程中，得到国家社科基金规划项目办公室的热情帮助，得到清华大学、国家行政学院等院校学者给予的学术启示，得到人民出版社黄书元同志的精心指导，得到黄国珍、周义程、伍开昌、沈广和、马宗利和茅友生等同志的大力支持，也得到中央组织部人才工作局和干部教育局诸同仁的热忱鼓励，在即将出版之际，谨致谢意！

当下世界，变动不居，应用研究的解释力转化力指导力面临挑战。实践在不断发展，理论研究应深凿不怠。笔者将一如既往地与各界同仁一道，加强对垂直权力关系的研究，为行政改革与发展做出不懈努力。

课题研究时续时断，加之水平所限，难免有疏漏甚至错误之处，敬请读者批评指正。

孙学玉

2012 年 11 月 2 日

责任编辑：茅友生
封面设计：弘　一

图书在版编目（CIP）数据

垂直权力分合：省直管县体制研究／孙学玉　著．
　－北京：人民出版社，2013.1
ISBN 978－7－01－011367－8

I. ①垂…　Ⅱ. ①孙…　Ⅲ. ①市－体制改革－研究－中国②县－体制改革－
　研究－中国　Ⅳ. ① D630.1

中国版本图书馆 CIP 数据核字（2012）第 250632 号

垂直权力分合
CHUIZHI QUANLI FENHE

省直管县体制研究

孙学玉　著

人民出版社 出版发行
（100706　北京市东城区隆福寺街 99 号）

涿州市星河印刷有限公司印刷　新华书店经销

2013 年 1 月第 1 版　2013 年 1 月第 1 次印刷
开本：720 毫米 × 1020 毫米 1/16　印张：14
字数：280 千字

ISBN 978－7－01－011367－8　定价：49.00 元

邮购地址 100706　北京市东城区隆福寺街 99 号
人民东方图书销售中心　电话（010）65250042　65289539